よみがえる天才9

ナイチンゲール

金井一薫 Kanai Hitoe

JN042482

★——ちくまプリマー新書

430

目次＊Contents

図版トレース　朝日メディアインターナショナル

まえがき

現代によみがえるナイチンゲール

世界は二〇二〇年を皮切りに、新型コロナウィルス（Covit19）の爆発的な感染に見舞われ、二〇二二年末の我が国の統計では、陽性者の累積はおよそ二七六〇万人、世界の感染者数はおよそ六億五五〇〇万人で、死者数は六七〇万人に達しようとしています。

各国の経済は低迷し、人々の暮らしは一変しました。特に感染症対策として、換気、手洗い、ソーシャルディスタンスの必要性が強く求められ、マスクをしなければ外出はできず、学校でも職場でも人と話すことが制限され、人間としての基本的なあり方が揺さぶられて、この先にどのような社会的後遺症が生まれるのか、たいへん気がかりな状況が生み出されています。

これから本書で語る一九世紀英国が生んだ偉人、フロレンス・ナイチンゲール（一八二〇～一九一〇）は、現代のコロナ禍にあって、一躍脚光を浴びることになりました。看護師の母と言われ、白衣の天使として名を馳《は》せたナイチンゲールが、なぜ今、注目されるのでしょうか。それはナイチンゲールが当時の英国で訴え続けた《感染予防対策》の内容が、今日のコロナ禍において見事にマッチしているからです。

ナイチンゲールが生きた時代の英国でも、感染症が猛威を振るいました。しかし現代と異なり当時は未だ病原菌が発見されていませんでしたから、治療法はありませんでした。感染症の原因が特定されていないにもかかわらず、ナイチンゲールは感染は空気の汚れから起こるので、町や村を清潔にし、部屋に新鮮な空気を取り入れる必要性を強く訴えました。そして部屋を清潔にし、身体を清潔にするよう促しました。今でいう《換気と手洗い》です。さらに過密な状態で過ごすことによって感染が拡大するので、密を避けよとも言いました。ナイチンゲールのこの提言にしたがって、徐々に英国中の病院構造が見直され、人々の暮らしにも換気と清潔という概念が認識され、実践が浸透していきました。

新型コロナ感染が猛威を振るった二〇二〇年は、奇《く》しくもナイチンゲール生誕二〇〇年という歴史的な年に当たりました。国際看護師協会（ＩＣＮ）や世界保健機構（ＷＨＯ）は連携して、その年を《国際看護師・助産師年》と定め、感染症に立ち向かったナイチンゲールを讃《たた》えて各国でさまざまなイベントが催されました。

英国ではコロナ感染者が爆発的に増えた時期、臨時の大型療養施設がいくつも建設されましたが、それらの施設は《Florence Nightingale Hospital》と命名され、多くのナースたちが活動しました。二〇二〇年はナイチンゲールと感染予防とが、見事に結びついた年でした。

実像のナイチンゲールに近づくために

不思議なつながりで、新型コロナ感染症の予防対策とナイチンゲールが結びついたことは事実です。しかしこれまでの日本においては、ナイチンゲールは歴史的人物として特定のイメージの中に閉じ込められ、誤解されたまま人々の間に広がっていきました。長年誤解されてきたエピソードの主なものは以下の三点です。読者の皆さまもきっと心当たりがあるでしょう。

その第一点目は、ナイチンゲールは戦場で敵味方なく看病したというものです。この点はかつて中学校の教科書にも記述されていました。しかしナイチンゲールにはそうした体験はありません。彼女は主に戦場から遠く離れた黒海を挟んだトルコ側のスクタリの地で働いていたからです。戦場で敵味方なく救護にあたったのは、赤十字社を創設したアンリ・ジュナンです。ナイチンゲールはアンリ・ジュナンと重ねてイメージされているところがあります。

第二点目は、〝看護師は自己犠牲を惜しまぬ白衣の天使であるべきだ〟として、ナイチンゲールは看護師たちに自己犠牲の精神を強要した人としてイメージされている点です。しかし彼女は決してそのようなことは言ってはいません。彼女は「看護の仕事は、快活な、幸福な、希望に満ちた精神の仕事です。犠牲を払っているなどとは決して考えない、熱心な、明るい、活発な女性こそ本当の看護師といえるのです」と書き残しています。この言葉こそ、ナイチンゲールが看護師たちに望んだ資質だったのです。

第三点目は、ナイチンゲールは患者の傍らにあって一生身を粉にして献身的に働いた女性であるというイメージです。この点にも大いなる誤解があります。ナイチンゲールは三六歳の時に約二年に及ぶクリミア戦争から帰還しましたが、帰国後の五四年間は、ほとんどベッド上の生活を余儀なくされ、看護師としてユニフォームを着て働いたのは、九〇年の生涯でなんと三年弱しかなかったのです。しかし、ほとんど外出がかなわない状況にありながら、この間にナイチンゲールが成し遂げた仕事こそ、クリミア戦争での活躍と併せて、後世に残る偉業だったのです。

本書ではナイチンゲールの生い立ちと重ねて数々の業績に焦点を当て、知られざるナイチンゲールの〝顔〟を浮き彫りにしていきます。

〝クリミアの天使〟というイメージはどこからきたのか

ナイチンゲールは「クリミアの天使」であるというイメージが定着していますが、これにはいくつかの理由が考えられます。

ナイチンゲールが社会的身分の高いレディだったこと、英国のみならずヨーロッパの社交界において、彼女の人となりや知性が、人々の口に上っていたなどの理由から、クリミアへの従軍が決定した段階で、世論は大いに彼女の動向に関心を抱き、うわさが盛り上がっていました。結果として、戦場での取材や視察が行われ、戦地の状況が報告される中で、膨大な記事や情報が新聞や雑誌誌上に掲載されましたが、中にはナイチンゲールが書いた手紙類を紹介した伝記の類もあり、それらも相当数にのぼっています。つまりナイチンゲールはクリミアデビュー当初から〝有名人〟となっていたのです。この点は、ナイチンゲールが〝クリミアの天使〟として騒がれる前提条件であったと思われます。

さらにナイチンゲールの噂《うわさ》は、戦場から帰還した兵士たちによって、ランプを片手に傷病兵たちのベッド間を静かに歩む夜間の巡視の情景が伝えられたことによって、拡散していきました。兵士たちは口々に、ナイチンゲールから受けた看護の素晴らしさを語ったようですから、聖女のようなナイチンゲール像が出来上がったのだと考えられます。因《ちな》みに英国ではナイチンゲールは〝ランプを持った貴婦人〟と呼ばれています。

またナイチンゲールは、ヴィクトリア女王からも賞賛と労《ねぎら》いの言葉を賜ったほどですから、彼女はまさに〝時の人〟〝国民的英雄〟として祭り上げられていきました。生まれてくる女の子に〝フロレンス〟と名付ける風潮も生まれましたし、多くのナイチンゲールグッズが製作されて販売されました。

しかしクリミア帰還後のナイチンゲールは、人前に出ることなく、また二度とユニフォームを着て看護の現場に立つこともなかったので、噂は自然にかき消されて、いつしか彼女は生きながらにして伝説化されてしまった感がありました。

〝ランプを持った貴婦人〟としてのナイチンゲールの姿は、当時の伝記の翻訳本を通して日本の国民にも紹介された形跡があります。ナイチンゲールが存命の一八九〇年に、最初の邦訳本『フロレンス・ナイチンゲール』（秀英舎）が出版され、さらに一九〇一年には本格的な日本人による伝記が編まれています。その後続々とナイチンゲール紹介は続いて今日に至っています。

日本において特筆すべきことがあります。それはナイチンゲールが明治三六年（一九〇三年）に国定修身教科書に取り上げられ、〝親切〟〝博愛〟などの徳目に登場したことです。修身の教科書には昭和一五年（一九四〇年）まで、つまり第二次世界大戦が激しさを増すまでの間、およそ四〇年間にわたって掲載されたようですから、この事実から、ナイチンゲールが戦時中に活躍した偉人として、日本人の心の中にしっかりと根を下ろしたとしても不思議ではありません。日本人が抱くナイチンゲール像は〝戦場の天使〟として、この時期に形成されたとみてよいと思われます。

一方で、晩年のナイチンゲールが棲《す》み暮らしたロンドン・サウスストリート一〇番地の住居には、何人かの日本人が訪れ、面会したという記録が残っています。その代表的人物は、津田塾大学を創設した津田梅子女史でした。その他、明治八年から一三年まで、ロンドンの聖トーマス病院医学校に留学していた医師の高木《たかき》兼寛《かねひろ》氏は、直接的ではないにせよ、ナイチンゲール思想に接した可能性は高いと思われます。〝病気を診ずして病人を診よ〟という高木氏の創設になる現・東京慈恵会医科大学のモットーは、当時ナイチンゲールが書いた文章と同じ表現です。高木氏が何らかの形でナイチンゲールの影響を受けたと考えたとしても間違いではないでしょう。

このように、ナイチンゲールの存在とその真の業績は、多くは伝記本を通して、さらに英国に留学または視察に訪れて帰国した人々の口からも、我が国に伝えられ、評価されていった形跡があります。しかし異国にあって活躍した優しく博愛の精神に満ちた上流階級の女性の物語は、〝日本式のナイチンゲール像〟すなわち〝クリミアの天使〟または〝戦場の天使〟として人々の脳裏に刷り込まれ、それが少年少女向きの偉人伝に継承され、固定化したまま今日に至っていると私は推測しています。

本書は第一章から第一三章を通して、ナイチンゲールの生涯の出来事や業績が語られていきます。全体を通して《知られざるナイチンゲール》や《実像のナイチンゲール》が明らかにされていきますが、それぞれの章は独立した内容になっていますので、読者の皆さまは、第一章から順に読まなくても、関心や興味が湧くタイトルの章から読み進めてみてもよいでしょう。

本書によってナイチンゲールの真の姿を届けることができるなら、筆者にとっては望外の喜びです。

第一章　社会的自立を求めて苦悩の日々を送る

一九世紀の英国社会

フロレンス・ナイチンゲールが生きた一九世紀の英国は、第一次産業革命が成功裏に終わった後の豊かさを反映して、街には電気が灯り、蒸気機関車が走り、機械化された工場が稼働して生産性を高め、人々は沸き立つような新たな文明を謳歌《おうか》していた時代です。ヴィクトリア女王の統治時代とも言われています。

しかし一方で、産業革命は社会構造を大きく変えることになりました。都市は田舎から仕事を求めて移住する人々でごった返し、富める者と貧しき者との格差がそれまでにもまして明確になってしまったのです。この時の英国は「二つの国民の時代」と呼ばれていました。つまり上流階層と下層階層の間には大きな社会的壁が作られており、一国の中にまるで二つの異なる国民が住んでいるかのようでした。二つの国民の間では貧富の差が歴然としており、相互に言葉を交わすこともなく、富者は貧者をまるで虫けら同然に考えていました。彼らは、貧困は個人的な怠惰と道徳的欠陥の結果であると決めつけ、社会的救済の対象としてとらえ、数々の法律を作って救済を試みていました。支配階層である上流階級は国民全体のわずか三パーセントであり、反対に約八〇パーセントを占める国民は貧しい労働者階層でした。貧困は貧困の連鎖を生み出し、一九世紀末にチャールズ・ブースによって貧困の実態が社会学的に解明されるまで、長い間英国社会の特徴として存在し続けました。貧困階層に生まれた人々は、生涯貧困から逃れる道はありませんでした。彼らが置かれた居住環境や労働環境の劣悪さから、さらに医療体制が整っていない状況の中で、感染症に罹患《りかん》するリスクは高く、死亡率は増大していきました。農村に暮らす人々と都市に暮らす人々とでは、特にそれが貧困階層の人びとであればあるほどに、その環境差が寿命の長さに著しく影響しました。そのなかでも特に子どもの死亡率が高いのが特徴でした。

貧困に喘《あえ》ぐ人々の生活実態は、政治思想家のフリードリヒ・エンゲルスによる『イギリスにおける労働者階級の実態』や、ジャック・ロンドンの『どん底の人びと』、またヴィクトリア朝時代を代表する小説家のチャールズ・ディケンズによる『オリヴァー・トゥイスト』の中にリアルに描かれています。

フロレンスの父と母

貧富の格差が激しい時代にあって、フロレンス・ナイチンゲールの父と母は豊かな環境の中で育ちました。父ウィリアムは元の姓をショアといいましたが、大叔父から莫大《ばくだい》な遺産を相続してナイチンゲール姓に改名し、地方貴族（カントリー・ジェントル）として生きることが約束されており、妻のフランセス・スミス（ファニイ）も商人として巨万の富を築き上げたサムエル・スミスの孫でした。ウィリアムにはメアリー（メイと呼ばれる）という妹が一人いました。メアリーは後にフロレンスにとってかけがえのない叔母となるのです。またファニイは男五人女五人の一〇人兄妹でした。みな仲が良く賑《にぎ》やかで豊かな暮らしを営んでいました。

ウィリアムとファニイは一八一八年に結婚しました。この夫婦は揃《そろ》って顔立ちも良く、知的で、魅力あふれる人物でしたが、決して似合いの夫婦とはいえませんでした。ファニイは当時三二歳で、ウィリアムよりも六つ歳上でしたし、ウィリアムが世の快楽には無関心で静寂と安穏を愛し、思索の人であるのに対し、ファニイは社交的で、気前がよく、快楽を好む派手な性格の持ち主であったからです。しかし二人の前途は明るく輝いていました。かれらの結婚には、英国の上流階級の暮らしを満喫できる地位と人脈と財産とが、完全に保証されていたのです。

二人は結婚すると、すぐに新婚旅行に旅立って行きました。当時の上流階級の人びとが大陸に渡り長期間の新婚生活を送ることは、そう珍しいことではありませんでした。二人はイタリアが気に入り、ほぼ三年間を過ごしました。この間に長女、パーセノープ（パース）が一八一九年に、そして一八二〇年には次女のフロレンス（フロー）が誕生したのです。二人ともイタリア滞在中の出生地（ナポリとフィレンツェ）にちなんだ名前が付けられましたが、こうした名前は当時としてはたいへん珍しかったと言われています。ウィリアムもファニイもまさかその五〇年後に、自分の娘フロレンスの名にあやかって、世界中にフロレンスという名の女の子が何千、何万と生まれようとは、夢にも考えてはいなかったことでしょう。

ナイチンゲール家の邸宅

一八二一年、フロレンスが一歳の時、ナイチンゲール家は英国に戻ることになりました。一家がイタリアを出発する前に、父ウィリアムは一度急ぎ英国に帰り、ダービシャーの広大な敷地に自ら設計図を引いたゴシック風の館を建築する手筈《てはず》を整えました。リハースト荘と名付けられたその屋敷は、なだらかに起伏した美しい田園の丘の上にあり、その見事な眺望はまるで絵のようでした。

しかしファニイによれば、この館はいくつかの欠点を持っていました。それはロンドンから遠く、足の便が悪い上に、冬は寒気が厳しくて永住の住処《すみか》としては不適だったのです。また社交好きのファニイには、この家はあまりにも狭すぎました。

そこで二年間の家探しの結果、一八二五年にウィリアムはハンプシャー州ロムジィの近くに、エムブリイ荘を購入したのです。それはジョージ王朝後期の館で、広々とした庭を持つ、素晴らしい建物でした。ロンドンにも近く、狩猟にも適し、ファニイの姉妹の家からも手近

図１　晩年の父・ウィリアム

図２　若い頃の母・フランセス

にあり、ここなら多くの人々を招き入れることができました。

こうしてフロレンスが五歳の頃までには、ナイチンゲール家の生活は、一定のスタイルを描くようになりました。すなわち、夏は涼しいリハースト荘で、それ以外はエムブリイ荘で過ごし、春と秋の社交シーズンには、ロンドンに出て暮らすというスタイルです。そこにはメイドや従僕や下男たち、また馭者《ぎょしゃ》や料理人などが共に生活し、フロレンスはまさに当時の上流階級の典型的な豊かな暮らしの中にいました。

ナイチンゲール家の人々

フロレンスの生活は、絶えず多くの親戚や友人たちに取り囲まれていました。ファニイは一〇人兄妹でしたし、その一〇人が若い頃から揃いも揃ってみな歓楽的催しが大好きで、疲れを知らずに舞踏に興じ、行楽にでかけ、室内遊戯に熱中するといった有様でした。かれらは人一倍強い一族意識のもとに、それぞれの結婚後も精力的に交際を続けていました。フロレンスが一四歳の頃には、二七人のいとこたちと、二〇人にも及ぶ叔父や伯母がおり、さらに祖母の兄弟姉妹が、その子供や孫と共に輪の中に入り、互いに便りをかわし合い、訪問し、こまごまとした相談をし合うといった具合で、日々息のつく暇もない忙しさの中に暮らして

図3　裏庭からみたリハースト荘、姉のパーセノープが描いた絵

図4　エムブリイ荘

いました。

ところがフロレンスは、こうした生活に満足できず、どこか他の人たちとは違った感じ方をしていたところがありました。彼女はすでに六歳にして、自分はエムブリイやリハーストの裕福で安穏な生活に嫌気がさしていたと記しており、日常やりとりする手紙や相談の数々に、耐えられない苦痛を感じ、少女時代には、「何かきちんとした職業か、価値ある仕事がしたくてたまらなかった」と書いています。

こうした家庭環境の中で、ファニイは四〇歳を過ぎ、もう子供が生まれる徴候はなくなりました。もしこのままナイチンゲール家に男の子がいなかったら、大叔父からの財産は、ウィリアムの妹の長男が引き継ぐことになっていたのです。ウィリアムの妹、メアリー（メイ）はファニイの弟、サム・スミスと結婚し、一八三一年に男の子を生みました。このメイ叔母の息子、ショアはナイチンゲール家では特別な地位が与えられました。フロレンスにとってもショアは生涯で最も大切な人間の一人となりました。

両親と娘たち

フロレンスには一つ年上の姉（パース）がいました。二人とも愛らしく、個性豊かな子供でしたが、どちらかというと、妹のフロレンスの方が頭がよく、人を惹《ひ》きつける特別な魅力を持っていました。ですから姉のパースはいつも損な立場にありました。何をするにもフロレンスの方が優れ、皆に認められるのですから、姉としては複雑な気持ちだったことでしょう。いつの間にかパースは、妹に対して強い所有欲を持つようになり、自分への強い崇拝と献身を求めるようになっていきました。一方では、妹に対して強烈な羨望を抱いてもおりました。こうした二人の関係は、成人し、それぞれの道を歩むようになっても、大きな影響を、特にフロレンスの生き方に対して及ぼしていくことになるのです。

また、二人の娘と両親の関係も複雑な様相を呈しており、一見すべて順調で幸せそうに見える家庭にあって、目には見えないしこりが存在し続けていました。

フロレンスは、父親とは深く共感し合えるものを持っていましたが、母親にはあまり強い愛着を抱かずに育ちました。これは、フロレンスがあまりにも父親にその気質が似ていたためで、その資質において正反対の母とは、どうしてもくい違うところが大きかったからです。

二人の娘の差異と両親の関係は、ウィリアムの教育方針によってさらに顕《あき》らかになっていきました。両親は、娘たちの教育を任せるに足る婦人家庭教師を探したのですが、理想に適《かな》う人が見つからず、一八三二年には、ウィリアムは自らの手で娘たちの教育に当たる決心をしたのでした。娘たちは、ギリシャ語、ラテン語、ドイツ語、フランス語、イタリア語、歴史、哲学、英文学、数学、音楽に至るまで父親から学んだのです。その教え方は厳しく、二人は長時間の学習に耐えぬかねばなりませんでした。この間に、姉パースは完全についていけなくなり、妹フローはますます父との一体感を味わっていきました。こうしてナイチンゲール家は、親子が二分されて育まれていったのです。

娘たちの初舞台

当時の上流階級の娘たちは、一定の年齢になると社交界にデビューするという習慣《しきたり》がありました。そのため、自宅に人々を招き入れ、晩餐会《ばんさんかい》や舞踏会を催し、名士をもてなすことなどは、娘を世に出すための絶対必要条件でした。母のファニイはそういうセンスに長《た》け、精力的に事を運ぶのが得意で、エムブリイ荘を増改築して準備をし始めました。

さらにファニイの提案で、家の改築が終了するまでの間、娘たちを連れ外国旅行に出かけることになりました。社交界に出る前に、世界を見、現地で音楽を聴き、外国語の勉強をし、さまざまな人々と付き合うことは、決して無駄なことではないと考えられたからです。フロレンスはすでに一七歳になっていました。

図5　16歳と17歳の姉妹。座っているのがフロレンス

こうしてナイチンゲール家の人々は、一八三七年九月から一八三九年四月まで、イタリア、フランス、ドイツ、スイスを中心としたヨーロッパの旅を満喫したのです。この間の一八カ月の日々は、フロレンスに生まれてはじめての自由を与え、パリでは生涯の友となるメアリー・クラーク嬢と出会いました。彼女はパリの知的社交界で優遇され、その若き能力は、人々を存分に楽しませたのです。その一方で、この旅はナイチンゲールに政治への関心を呼び覚ましました。

こうしてすばらしい女性に育ったナイチンゲール家の二人の娘が、ロンドンの社交界で初舞台を踏んだのは、一八三九年五月二四日、女王の誕生日の接見の間においてでした。フロレンス一九歳の出来事です。

苦悩の日々

フロレンスはロンドンとエムブリイの館で繰り広げられる社交パーティで、その知性の高さと高潔さと人柄ゆえに、誰にも一目おかれる存在になりました。ですから大成功をおさめた女性の一人として、そのまま世間の習慣に従って何の疑問も抱かずに暮らしてさえいれば、確実に上流社会の名高き男性と結婚し、華やかで裕福な生活を送っていたことでしょう。しかし、フロレンスの苦しみはこの時すでに始まっていたのです。

　フロレンスが不思議な体験をしたのは、一六歳の時です。彼女の私記によれば「一八三七年二月七日、神は私に語りかけられ、神に仕えよと命じられた」というのがその内容です。フロレンスは客観的な他者の声が、人間の言葉で語りかけてくるのを聴いたというのです。今日の常識では、このようなことがどこまで真実なのか確かめようがありません。彼女は〈内なる声〉を聴いたと受け取ってもよいのではないでしょうか。いずれにせよ、若きフロレンスにとって、この出来事は特別の意味を持っていました。

　というのは、フロレンスはかなり小さな頃から、どこか普通の子供と違ったところがあり、日常生活の単調さとバカ騒ぎにどうしても馴染《なじ》めないものを感じていたからです。彼女は自分が自分らしく存在するためのあり様を、幼い頃から強烈に求めてやまない自我を持っていたのです。そんなフロレンスでしたから、神の声（内なる声）に耳を傾け、自分の生き方を、現存する安易で表面的な暮らしの中に模索するのではなく、もっと違った、人間としての真の価値に結びつくような何かに求めようとしたとしても不思議ではありません。

　しかしながら、彼女の悩みは漠として晴れませんでした。自分は一体何をすればよいのだろうか、どんな生涯を送ればこの問いに答えが返ってくるのだろうか……？　答えが見つからないまま、長い間無意味な時間を費やしていきました。社交界での成功や名声は、こうした状態のフロレンスにとってはむしろ迷惑なことであり、逆に苦痛の種と化していったのです。社交界で繰り広げられる華やかな言動とその思考の中には、彼女が求めるものはひとかけらもないことがわかっていましたから……。

使命の発見

フロレンスが自分に与えられた使命の遂行に向かって最初の第一歩を踏みだしたのは、一八四二年の夏のある日からでした。彼女は二二歳になっていました。

夏にはリハースト荘で過ごすことになっていたフロレンスが、隣村の農民小屋を訪ねたところから、彼女の思考はそこにくぎづけになってしまったのです。この年は、英国の歴史上「飢えた四〇年代」に当たり、村や町はどこも飢餓と重労働と不潔と病気で溢《あふ》れかえっていました。

フロレンスは農民小屋を訪ねた後の私記に、次のように書き綴《つづ》っています。「私の心は人びとの苦しみを想うと真っ暗になり、それが四六時中、前から後から、私に付き纏《まと》って離れない。まったく片寄った見方かもしれないが、私にはもう他のことは何も考えられない。詩人たちが謳《うた》い上げるこの世の栄光も、私にはすべて偽りとしか思えない。眼《め》に映る人びとは皆、不安や貧困や病気に蝕《むしば》まれている」と。

またリハースト荘近くのハロウェイ村には多数の紡績工たちが住んでおり、そこで彼女は狭い部屋に詰め込まれた人々の姿を目撃したのです。それは一九世紀の産業資本主義が生み出した弊害のひとつの現われでした。彼女が目撃した光景は、この世のものとは思えないほどに恐ろしく、人々の荒れ狂った生きざまは、彼女の心を捉えて離さなかったのです。

この時からフロレンスははっきりと、世の中には悲惨と苦悩と絶望に満ちた世界があると気づいたのです。

この状況に対して、母ファニイは娘たちに銀貨やスープを持たせて富める者の責任を果たすよう促しました。しかしフロレンスは、その施しが病める者を救うとは決して思えませんでした。

天職に向けて

リハースト荘の近くの村に頻繁に出入りするようになって、フロレンスの心は次第にあるひとつのことに傾いていきました。それは、どのようにすれば貧窮者や病人に本当に明るく人間的な暮らしを提供できるかという問題でした。

フロレンスは、もはや単純な施しではこうした人々は救えない、それどころか、逆にお金や物が彼らをさらに悪い方向に押しやってしまうと気づいたのです。彼女は両親に、小屋を建て直して人々を教育する計画をつくるよう、また薬品、食料、寝具、衣類などを送るように懇願し続けました。そして自分はこの地から離れたくないと申し入れたのでした。しかし、こうしたフロレンスの願いは、ことごとく打ち砕かれました。彼女にはロンドンで暮らす次の華やかなスケジュールが待っていたからです。

現代でしたら、ある程度自分の思うままに生きることを許されるのですが、当時のナイチンゲール家のような家柄に生まれた娘たちにとって、自分の意志で家を出ること、両親の意向に逆らって生きることは絶対に許されないことだったのです。フロレンスはやむなく農民小屋を離れました。

しかしそれからも、彼女はくる日もくる日も自分の使命について考え続けていました。そしてついに自分に与えられた天職は、病院に収容されている病人たちの中にあるという結論に達したのです。そしてそれ以降は決してそのことについて迷うことはありませんでした。

そうした日々のなか、一八四五年の夏のことでした。フロレンスに身内の看護を任される機会が与えられました。重病になった祖母の看病と、乳母だったゲール夫人の看取りの看護を体験したのです。この経験から彼女は新たな学びをしました。人々を救うにはまずは正しい知識と熟練した技術を学ばなければならないことに気づいたのです。そこでソルスベリー市の病院長ファウラー博士の支援を取り付け、ソルスベリー病院で三カ月間の訓練を受ける計画を立てました。ソルスベリーは南の館エムブリイ荘からほんの数マイルの距離にありました。ファウラー家の人びとがエムブリイ荘に滞在したのを機に、この計画を両親に打ち明け、説得に当たったのですが、それを聞いた両親は震えあがり、お家の大騒動にまで発展してしまいました。計画は完全に阻止され、家にあって二度と看護師になるという話をすることを禁じられてしまいました。それ以降フロレンスは敗北感と孤立感に打ちひしがれ、孤独の世界を生きることになるのです。

看護師への道、遠のく

一九世紀の英国にあって、良家の子女が病院における慈善事業に献身するなどということは、前代未聞のことでした。なぜなら、病院という場所は、本来社会の底辺に住む極貧にあえぐ人々が、病気になった時に収容される施設であり、そこには不衛生と不道徳が混在していて、とてもまともな人間が入れる場所ではなかったからです。大きな病室にはすし詰めにベッドが並び、床や壁には血液や糞便《ふんべん》が染みつき、換気もされていない不潔極まる場所でした。さらに悪いことに、看護師といわれる女性たちは、たいてい最下層の極貧者で身持ちが悪く、何の知識も技術もなく、ただ病人よりもすこし元気だというにすぎない人たちでした。

ですから、上流社会に住む人間が最も忌み嫌っていた世界が病院だったのです。その忌まわしい世界に好んで入っていこうとする娘の気持ちは、どんなに理解のある家族であっても決して納得できるものではありませんでした。特にファニイの恐怖は、当時噂《うわさ》になっていた「外科医と看護師のみだらな関係」でした。

そのようなわけで、ナイチンゲール家にとっての不幸は、娘のフロレンスが一八四五年の一二月に突然、自分は病院に入って、そこに苦しむ人々のために献身的に働きたい、そのためにまず、正しい知識と技術を学ぶため、病院に研修に出して欲しいと訴えた時から始まりました。

フロレンスは家族から看護という言葉すら口に出すことを禁じられ、毎日山のような家事を押し付けられて、一人では家から一歩も出られない状態に追い込まれてしまいました。そして信じられないことですが、こうした状況は、その後なんと八年間も続いたのです。

フロレンスの苦しみは筆舌に尽くし難いものがありました。やっと見つけた将来の夢が叶《かな》わないことで、やり場のない欲求不満が高じて、彼女は次第に狂気の瀬戸際まで追い詰められていきました。しかしそんな中でも、フロレンスは自分が描く道を歩むことを諦めませんでした。秘密裏に勉強を開始したのです。家族が起きる夜明け前に起床し、蠟燭《ろうそく》の灯りの下で政府白書や病院関係の報告書に目を通し、何冊ものノートにおびただしい量のデータを書き込み、それらを検討し、索引を付し、また一覧表にしました。この時の学習によって、彼女は当時最先端の病院医療と公衆衛生分野の知識を習得し、この道の専門家となるべく素地を養ったのです。

ローマへの旅

家に閉じ込められていた期間、エムブリイの館ではひっきりなしに親戚・友人が訪れ、絶えず騒々しく、果てしない宴会騒ぎに遊び暮らす生活が続いていました。フロレンスには耐えがたい日々でしたから、眠りが悪くなり、衰弱し切って、次第にやせ衰えていきました。こうした姿のフロレンスを気遣い、ローマへの旅に誘ってくれたのが、ブレースブリッジ夫妻でした。夫妻は一家の家族ぐるみの友人であり、フロレンスよりも年長で、子供はなく、後のクリミア戦争の時にはスクタリまでフロレンスに同行して支援してくれた人たちでした。

一八四七年一〇月、三人は海路ローマに旅立ちました。

ローマの旅は、フロレンスのその後の人生に大きな影響を与えました。ローマ滞在中のフロレンスは健康を回復し、ずっと元気でした。ローマでは後の戦時大臣となるシドニー・ハーバートとその妻エリザベスと知り合いになりましたし、翌年の二月にはトリニタ・デ・モンティ女子修道院のサンタ・コロンバ尼院長と出会っています。フロレンスはカトリック修道院の教えに深く共鳴し、コロンバ尼院長の元で修道院が運営する学校を見学したり、修養会に参加したりして、自身の神に対する思いを深める努力を惜しみませんでした。

そんな日々の中、二月六日の降臨式でナイチンゲールの眼はある少女に引き付けられました。フェリチェッタ・センシという薄幸の少女と信頼関係を築きたいと願ったナイチンゲールは、コロンバ尼院長に相談してフェリチェッタの後見人としての手続きをとりました。一人の少女を救出したのです。

また、フロレンスはローマでは美術館や教会を訪れましたが、とりわけシスティナ礼拝堂の美に魅せられ、内部の詳細なスケッチをしています。魅せられた建物や関心を抱《い》いた建築物をスケッチすることによって育まれた技能が、後に彼女が病院設計をする際に活かされていきます。

ナイチンゲールにとっての神

フロレンスは自身の誕生の地・フィレンツェで洗礼を受け、その後はもっぱら英国国教会の教えで育てられました。サンタ・コロンバ尼院長に出会ってからは、一時期、カトリックの教えに共鳴したこともありました。カトリック教会は女性に仕事も訓練も授けてくれ、夢を形にするための手段に近づく現実的な考え方をしているところに心惹かれたためです。しかし国教会の教えにはしばしば失望していました。国教会は女性には有用な役割や仕事を認めず、社会に対して保守的な考え方をもって女性たちを家庭に縛り付けていたからでした。

結局、フロレンスは英国国教会に終生とどまりましたが、彼女が国教会の教えに忠実に従うという姿勢を示すことはありませんでした。

フロレンスにとっての神は、フロレンスに神のために働くことを求めている存在でした。彼女が貧しい者や救済が必要な者のために働くことは、神のために働くこととイコールでした。その意味で看護という活動は、フロレンスにとってまさに神への奉仕であり、使命であったのです。さらにフロレンスは、世界は神の法則によって創造されかつ営まれていて、人間はその法則を探究することによって、しかも統計学的な探究法によって、神の計画を確認することが可能になると考えていました。この視点は近代西洋科学思想に基づいた発想に通じていますし、フロレンスの生涯を通して貫かれていた信念でもありました。

長い、長い恋の結末

フロレンスは多感で豊かな感受性を持ち、人を愛することへの渇望が人一倍強いところがありました。多くの著名な友人を持つフロレンスでしたが、その内の何人かの男性は彼女を熱烈に愛し、結婚を申し込むという出来事もあったようです。特にフロレンス自身、リチャード・モンクトン・ミルズには心からの敬愛を感じていましたし、彼との結婚は、家族の誰からも祝福される理想的なものだったはずです。

しかし、フロレンスの心は彼との結婚に踏み切れずにいました。この頃の彼女は、病院で働きたいという願いが家族に否定されて、毎日が途方もなく退屈で、限りなく無意味に思えており、書くことによって精神の喜びを感じていましたが、押し寄せる絶望感をどうすることもできず、自己の将来に何の希望も見いだせずに苦しんでいました。こうした状態から抜け出すには、普通であれば愛する人と結ばれて、新しい生活を築くことだと考えるのですが、彼女はまったく反対の立場をとっていました。

なぜなら、リチャードと結婚することは、彼を取り巻く新たな社交界に入っていくことであり、それでは今の暮らしを延長させるだけにすぎないと思えたからです。それほどにフロレンスは上流社会で暮らすことに価値を見いだしていなかったのです。

「ただ死のみを願っている」と記していた絶望の時期に、ついにリチャードは待ちきれずに求婚しました。そして彼女はこれを断ったのです。なんと七年にもおよぶ恋でした。

カイゼルスヴェルト学園

結婚を断念した娘の生き方にひどく落胆した母ファニイは、これまでにも増して娘の自由を奪いとっていきました。

その結果、フロレンスはまたもや精神的にも肉体的にも極度の疲労が重なって倒れ、幾度か失神し、心がまったく空虚な状態が続きました。こうなると周囲の友人たちはそれを見過ごすことができず、さまざまな形で援助の手を差し伸べてきてくれました。なかでも、ブレースブリッジ夫妻はちょうどエジプト、ギリシャの旅に出かけるところで、フロレンスを一緒に連れていきたいとファニイに申し入れてくれたのです。こうして、一八四九年の秋、彼女は再び家族の元を離れて旅立って行きました。

　旅行中のフロレンスは、表面はたいへん穏やかで元気そうにみえましたが、内心は絶え間ない精神的葛藤に苛《さいな》まれ、苦しい日時を重ねていました。ところが幸運なことに、翌年の七月に二週間、ドイツのカイゼルスヴェルト学園を訪問する機会に恵まれたのです。この時は見学のための訪問でしたから、実際の看護には携わらなかったのですが、この地への滞在によって、彼女の内には気力が甦《よみがえ》り、生き生きと思考できる明るさをも取り戻しました。エジプト、ギリシャへの旅はこの点で大成功でした。

　帰国後のフロレンスは、カイゼルスヴェルトへの再訪問を計画しました。今度こそきっちりと訓練を受け、自分の考えてきたことを仕上げたいと思ったのです。一八五一年頃には、看護の訓練を授けてくれる場所など、世界中どこを探してもなかったのですが、この学園は一〇〇床の病院と孤児養育院、売春婦の更生施設や幼児学校をもっており、一一六名ものディーコネス（女性の社会奉仕員）たちが職員として働いていました。ここでなら、彼女の望む学習が可能でした。

　またしても家族の大反対の嵐にあいましたが、しかし今度はきっぱりと意志を通して、三カ月間の訓練を受けることに成功しました。それは社会的自立に向けた大きな一歩でした。

図6　カイゼルスヴェルト学園

家族からの独立

カイゼルスヴェルト学園での学びを終えて帰国してからのフロレンスは、今度こそ家族と離れて、独立した生き方をすべきであると決心しました。破壊寸前の状態に追い込まれていた精神と身体を救うには、自分の意志どおりに生きる方法を見つける以外に仕様がないことに気づかされたからです。

この決心を外側から助けたのは、ある有名な医師の言葉でした。彼は、フロレンスの姉の健康状態を観察していて、病んだパースの精神状況を正常な状態に取り戻すための唯一の方法は、フロレンスと離れて暮らすことだと助言してくれたのです。この時の体験を彼女は「(医師の言葉は)まさしくこれ以外のいかなる言葉もなしえないほどに私の眼を開いてくれた凄絶《せいぜつ》な教

図7　ハーレイ街病院があったところ。現在は高級クリニック街になっている

訓であった。これによって私の人生は決定づけられた」と記しています。

一八五三年になると、フロレンスは仕事につくことを考え始めました。そしてこの決心を打ち明けられた友人たちは、彼女に相応《ふさわ》しい職を捜そうと協力を惜しみませんでした。

この時舞込んだのが《淑女病院》の仕事です。これは、恵まれない境遇にある家庭教師の女性たちが病気にかかった時に入る病院で、当時、病院経営が行き詰り、組織の再編成を必要としていました。いくつかのトラブルを乗り越えて採用が決まった時には、病院の運営管理のみならず、財政面もすべてフロレンスが完全に統制できる状態にありました。ついにフロレンスは《病院の総監督》という職を手に入れたのです。

　こうして、家族からの抑圧に耐える生活に終止符を打ったフロレンスは、一八五三年八月にハーレイ街一番地にある病院内の居室に移っていきました。

第二章《淑女病院》勤務からクリミア戦争従軍へ

ナイチンゲールは一生看護師として身を粉にして働いたと思われているようですが、実は彼女の実務体験はわずか三年弱しかありません。しかしその三年間は誰もが真似できない激烈なものでした。最初の一年間はロンドンのハーレイ街にある小さな病院の総監督としての仕事であり、残りの一年一〇カ月間はクリミア戦争に従軍したことによって携わった仕事でした。

淑女病院の総監督として

一八五二年の年末、ナイチンゲールは私記に次のように記しています。

「私は、自分の宗教観を完全に作り直した」

「社会的な信念も練り直した」

「私の人生はこれで決められた」

ようやく家族の束縛から解放されて、自由な思考が許され、希望を形にできる時が訪れたのです。ナイチンゲールはあらためて自分が進むべき道をめざして、その第一歩を踏み出しました。一八五三年夏のことで、ナイチンゲールとしては準備万端整えたうえでの出発でした。

ナイチンゲールが友人たちの手助けによって得た仕事は、アッパー・ハーレイ通り一番地にある小さな病院の〝総監督〟という役職でした。総監督とは、現代でいえば〝病院長兼事務局長兼看護部長〟という立場ですから、病院運営に関する絶大な権限が与えられていました。つまり病院を改革しようと思えばかなり力を発揮できる状況にありました。一女性が、しかも資格も経験もない女性が、なぜいきなり〝総監督〟になれたのでしょうか？

それは第一に、ナイチンゲールが上流階級に属する貴婦人だったからです。第二に、ナイチンゲールは当時、誰よりも病院と看護について研究していた人であり、その実力を周囲の親しい友人たちが知っていたからなのです。

《ハーレイ街病院》または《淑女病院》と呼ばれるこの病院の患者は全員が貧しい婦人家庭教師でした。彼女たちは貧しくはありましたが最下層の住民ではありませんでしたし、男性患者は居なかったので家族はかろうじてここで働くことを許したのでした。英国では《淑女病院》は〝ボランタリー・ホスピタル〟の部類に該当します。つまり裕福な階級の人びとが理事となり、お金を出し合って作った病院なのです。ボランタリー・ホスピタルには極貧層の人びとが入ることはありません。なぜなら極貧者は各教区に建てられた〝救貧院病院〟に入ることになっていましたから。病院にも貧富の格差が歴然と現れていたのです。

《淑女病院》は、上流階級に属する人々で構成される貴婦人委員会と紳士委員会の二つの委員会によって運営されていました。この二つの委員会は意見が対立しており、また両者とも運営管理においては全くの素人《しろうと》で、経営は破綻寸前にありました。病院は新たに建て替えられることになり、適切な管理責任者を探していたのです。貴婦人委員会のメンバーの中に、ナイチンゲールをよく知る人々がおり、ナイチンゲールの病院と看護にかける強い想いを汲《く》み取り、彼女こそ適役だと考えて強力に後押ししたのでした。ナイチンゲールは病院内に住み込みで働く決心をしました。そして彼女は水を得た魚のごとく活《い》き活きと活動を開始し、さまざまな改革に乗り出していくことになるのです。

手始めにしたこと

ナイチンゲールは仕事を始めるにあたって、委員会に宛てていくつかの要求を出しています。それは以下に列記するように、まさに革命的な内容でした。

1. 病院の各階に温水用の配管を引き、各病室にお湯と水が出る洗面台を造ること。
2. 患者の食事を上階に運び上げるための「巻き上げ機」(リフト)を設置すること。
3. 患者の傍らに呼び鈴(ナースコール)を付け、呼び鈴はその階の看護師室のドアの外の廊下で鳴り、呼び鈴には弁が付いていて誰の呼び鈴がなっているかが判るようにすること。

委員会は腰を抜かしました。大変な人物を呼び込んでしまったと……。

しかしこれはナイチンゲールにとっては手始めの要求でした。その後彼女は次々に病院運営に関する変革を行っていくのです。委員会はお金に関して無頓着でしたから、ナイチンゲールは予算案を作って運営のための資金を調達するように指示を出したり、患者の選別に関して明確な基準を設けるように迫りました。また患者は宗派に関係なく入院させるべきであると考えていましたが、委員会側は、病院は英国国教会派の施設であるべきで、患者も国教会派の者を入れるべきだと主張していました。そこでナイチンゲールは、たとえカトリック教徒であろうとユダヤ教徒であろうと、いかなる宗派の人も受け入れるべきで、それが通らないのであれば、自分はこの仕事から手を引くと言い張りました。結局ナイチンゲールの意見が通り、《淑女病院》は宗派を問わず、誰でも入院できるようになりました。

実務者としてのナイチンゲール

初めての仕事において、ナイチンゲールはそれまでに培った自らの理念を言葉にし、形にしていきました。そこには「実務者としてのナイチンゲール」の姿が際立って現れています。彼女は看護師たちの仕事の仕方において、決して〝献身〟や〝自己犠牲〟を求めませんでした。それがナースコールの設置や、リフトや給水設備の設置を要求することにつながっています。呼び鈴やリフトが無ければ、献身的な看護師たちは際限もなく歩かされたり、階段の上り下りをさせられたりするはずです。設備を完備すれば看護師たちに無駄なエネルギーを使うことを強要せずに済みます。実に合理的な発想です。

さらに常に清潔なリネン類を保管し、質の良い食事を提供するためのシステムを考え、準備しました。そのほうが、汚れた空気の中で、汚れた寝具に身を横たえ、辛い症状のある患者の傍らに夜中じゅう付き添って言葉で励まし続けるよりも、ずっと回復には役に立つと考えたからです。そのために新しいリネンを購入し、洗濯場を改造して常に洗濯ができるようにし、調理場に出向いて食器棚や貯蔵庫を調べ、必要なものと不要なものとを選別するなど、多くの改善をしていきました。現代ではごく当たり前に備わっている設備や備品のほとんどがなかったことがわかります。結果的に無駄使いが改められ、必要な品が揃《そろ》えられるようになり、経理面での改革も進んでいったのです。

最も困った問題は、看護師たちの働きぶりでした。当時は教育を受けた看護師は存在しませんでしたから、多くを望むことはできません。世間では、看護は酒飲みで、ふしだらな女性たちの仕事と思われていました。人間としての素質や女性としての立ち居振る舞いなど、ナイチンゲールの期待と望みを叶《かな》えてくれる人材を手に入れることは至難の業でした。結局、仕事を任せられる看護師三名に頼ることになりました。役に立たない看護師やメイドは解雇されました。

さらに困ったことは、薄幸な婦人家庭教師の患者に関することでした。彼女たちは病気が治ってもなかなか退院しようとはしませんでした。病院にいる限り住むところが確保され、食事に不自由することなく、おまけに薬と同情が得られるのですから、簡単には出ていこうとしなかったのです。規則には二カ月が過ぎたならば退院することと謳《うた》ってあるのですが、医師たちも自ら退院を勧めるという面倒なことはしなかったので、結局この役目はナイチンゲールが引き受けざるをえませんでした。

一年間でやり遂げたこと

ナイチンゲールが人生で初めて取り組んだ病院管理の仕事については、ナイチンゲール自身が書いた『季刊報告書』にその内容が記されています。彼女は一年間に四回、自身が行ったことを克明に記録して《貴婦人委員会》に提出していました。

第一期の報告書には、いかにして病院内の設備品を新しいものに取り替えたか、いかにして古くて汚れていたものを洗濯したり修繕したりしたか、また物品購入の仕組みをどのように変更したか、それによってどのくらい出費を減らしたか、また患者の要求によって新聞の購読を開始したこと、患者同士が一緒に食事をするという規則を作ったことなど、詳細に記されています。

第二期の報告は、患者についての記載になっています。新築された《淑女病院》はさほど大きなものではなく、ベッド数は三〇床ほどでした。どのような状態の患者が入院しているのか、具体的に紹介されています。また入退院の流れの記述のなかで、ここ六カ月間の入院患者の状態は、一二分の四は最高に良くなり、一二分の三は良くも悪くもならず、一二分の五は療養態度も病状も明らかに悪化したと述べています。そしてナイチンゲールの見解として「病院というものは、重症患者に限って役に立つものです。もし患者を重症者に限らずに入院させれば、単なる下宿屋になりさがってしまいます」と断言しました。また「病院の目的というものは、患者が生きることになっているのであれば、生活にうまく適応できるようにするところにあるはずです（これは、もし死が避けられないものならば、患者を死にうまく適応させることと同じです）」とも書かれています。この信条はナイチンゲールの看護観として、生涯変わることはありませんでした。

第三期と第四期の報告は、入退院患者についての事例報告となっています。報告の最後には、一年間の成果が綴《つづ》られています。ナイチンゲールはここでの仕事を成し遂げたと考えており、この病院はその能力が許すかぎりよい状態になったと報告しています。つまり、秩序が回復したこと、看護のレベルを上げたこと、患者に良い影響力を及ぼしたこと、さらに病院経営を立て直したことが主な成果内容でした。

しかし一つだけやり残したことがありました。それは〝看護師を訓練する〟ことでした。可能ならば、看護師訓練学校を組織してみたいという希望を抱いていたのですが、それはこのあと六年後に実現することになります。

クリミア戦争の勃発

ナイチンゲールは一八五四年の夏を迎えました。淑女病院でのすべての経験は、これから始まろうとする一大事業への予備訓練に等しいものであることは、この時は知る由《よし》もありませんでした。

前年の一八五三年一〇月、オスマン帝国はロシア帝国に対して宣戦布告し、ここにクリミア戦争が勃発しました。両国の戦争に英国とフランスが加担したのは一八五四年三月のことです。そして九月に英仏連合軍はクリミア半島に上陸しました。戦いはロシアのクリミアの地で行なわれていましたが、まもなく発生したコレラの蔓延《まんえん》によって現地の野戦病院はいっぱいになり、やむなく負傷兵たちは、黒海を渡った対岸のスクタリ村にある、元トルコ軍砲兵隊の兵舎とそれに付属した病院に輸送されていきました。

病兵たちがたどり着いた《兵舎病院》にはベッドはなく、彼らは汚物にまみれた毛布に包まれて床に横たえられ、炊事場がないために食事も与えられず、彼らの世話をする人もいないという悲惨な状況におかれていました。水を汲むにもコップもバケツもなく、椅子も食卓も手術台もないという有様でした。こうした状況をつぶさに英国の「タイムズ」紙に報告したのが、歴史上はじめて従軍記者になったラッセル氏でした。この記事を読んだ英国市民は驚愕《きょうがく》し、なんとしてもスクタリの状況を救おうという世論が高まりました。その中でも、看護師団の編成が急務であることに気づいた人々は、この時ようやく看護への関心を持ち始めたのです。

スクタリに向けて出発

ナイチンゲールは、報道されるクリミアの状況に無関心ではいられませんでした。早速、自ら看護師団を率いてスクタリに向けて出発する手筈《てはず》を整え始めました。彼女が苦労して選抜した看護師は、全部で三八名でした。採用された看護師は、病院勤務の経験のある者が一四名、あとの二四名は全員宗教団体に属する人たちでした。この時ナイチンゲールは、彼女たちを自分が考え抜いてきた看護の実現に向けて教育・訓練するという困難な仕事をも、同時に背負い込むことになりました。しかし、もしこの試みが成功すれば、看護という仕事の持つ真の意義を世に広く知らせることができるわけで、ナイチンゲールにとっては絶好の機会でもあったのです。

この困難な事業を根底から支え、守ってくれたのが、ナイチンゲールが信頼する友人であり、時の戦時大臣でもあったシドニー・ハーバートでした。彼はナイチンゲールに、英国陸

ロ シ ア
クリミア半島
カラミタ湾
アルマ
インカーマン
セバストポリ
バラクラヴァ
ヴァルナ
ブルガリア
黒 海
トルコ
コンスタンチノープル
ボスフォラス海峡
スクタリ
マルマラ海
ト ル コ

図８　クリミアの地図

軍病院に看護師を配属するための公式計画の責任者になってほしいと、正式に依頼してきたのです。

こうして歴史的事業は実行に移されました。ナイチンゲールの任命に世間は沸き立ち、かつてこれほどの人気を博した女性はいなかったであろうと思われるほどに、人々の喝采を浴びました。そのために、母ファニイと姉のパースは有頂天になり、フロレンスのこれまでのすべてを認めたのでした。

ナイチンゲールの一行がロンドンを発《た》ったのは、一八五四年一〇月二一日のことです。それは、彼女がシドニー・ハーバートから正式な依頼文書を受けてわずか四日後という急展開でした。

一一月五日のスクタリ到着を目の前にして、船の中で巨大な兵舎病院が見えた時、ある看護師がナイチンゲールにこう話しかけました。「私たちが到着したら、一刻も早くあの気の毒な人びとのところに看護に行かせてください」と。しかし彼女は「元気な人はまず洗濯場に行ってもらいましょう」と言い、看護師たちの浮き足立った心を鎮めたのです。この発言は、彼女がスクタリの現実をよく見据えていたことを物語るものです。

スクタリの兵舎病院の実情

ナイチンゲールの一行が到着した時点での兵舎病院は、便所は全て詰まったり壊れたりしていて使用不能で、そこから溢《あふ》れでた糞尿水《ふんにょうすい》が病室や廊下に流れ、床上一インチ（約三センチ）も溜《た》まっている状態でした。窓もなく、換気ゼロで、冬の季節だというのに暖房設備も燃料もありませんでした。患者たちは夏に支給された衣類を着たままで、ノミやシラミにたかられ、着替えもなく、衣類は洗濯もされず、ベッドもなく石床に寝かされていました。水も不足していて一人一日わずか半リットルという厳しさでした。また医師や看護師や雑役兵の数も不足し、薬をはじめとしてあらゆる物資が足りていませんでした。想像を絶する劣悪な環境下で、収容人員をはるかに上回る患者が詰め込まれ、兵舎病院は病原菌の巣窟と化し、兵士は負傷によって死亡するのではなく、コレラや赤痢などの院内感染症によって死んできました。

そもそもこの建物はトルコ軍から引き渡されたその時点において、すでに環境衛生上の致命的な構造欠陥が指摘されていたという曰《いわ》くつきの建物でした。さらに言えば、その欠陥のためにトルコ軍が放棄した建物でした。そのために軍の最高司令官（ラグラン卿《きょう》）から大改修と徹底清掃の指令が出され、また視察官が派遣されてもいました。にもかかわらず現地の軍の責任者は、〝病院はすべて整っており何も問題ない〟と報告していたのです。結果として建物はそのままに放置され、改修も清掃も実施されないままに、やがて厳冬期を迎え、また前線の戦況の拡大にともなって、クリミア半島から海路で続々と送り込まれてくる傷病兵の全員を収容せざるを得ない状況に陥り、さらにその大混乱に陸軍当局者の不手際と無責任と無能が重なって、病院は機能麻痺《まひ》の状態に陥ったのです。

この海路での輸送も、当初は悲惨を極めました。クリミアの戦場から黒海対岸のスクタリまではおよそ五〇〇キロメートルもあり、船での輸送には数日間かかりました。船腹が狭く、輸送船には定員の何倍もの患者が収容され、コレラ患者も戦傷兵もごったにして詰め込まれ、手肢《てあし》を切断された患者たちは痛みに悲鳴をあげながら、甲板の上を這《は》いずり回っていました。船には少しの医薬品しかなく、治療や手当もないままに飢えと渇きに苦しめられ、寒風にさらされ瀕死《ひんし》の状態で搬送されました。スクタリの病院にたどり着いた時にはすでに死亡していた兵士も多く、また収容されたとしても病院は輸送船よりもひどい状態で荒れ果てていましたから、回復はとても望めませんでした。

スクタリにおけるナイチンゲール

図9　スクタリにあった兵舎病院

ナイチンゲールたち看護師団は、決して快く受け入れてもらえたわけではありません。

　彼女たちに割り当てられた部屋はわずか六室。しかもその一つは台所で、もう一つは物置でした。この六室を合わせた面積の部屋を少佐は一人で使っていたのですから、いかに待遇が悪いかがわかります。おまけに部屋は湿気がひどく荒れ放題で、ベッドが二つと椅子が三脚しかなく、家具も食卓も食器もなかったのです。明らかに歓迎されてはいませんでしたが、一団は文句も言わず、できる仕事から始めていきました。

　しかし行動を起こすためには、軍の組織との身を削るほどの闘いを強いられました。軍の幹部らはナイチンゲールの積極的な行動を挫《くじ》く一方で、おびただしい数の書類、例えば請求書、物品購入許可証、確認書、認可状、報告書の類を要求してきました。患者に必要な物品一つを入手するのにも、大がかりな手続きが必要だったのです。このためナイチンゲールの仕事は、患者ケアに時間を割く一方で、多くの時間を書類書きに追われることになりました。手続きを踏んでも妨害にあって食品などが手に入らないこともありました。しかし彼女はあくまでも軍組織の規則に則《のっと》った方法で、反対する人々を説得し、改善のための努力を惜しみませんでした。それはナイチンゲールにとっては正に消耗戦だったのです。

こうした状況の中で、ナイチンゲール看護団は病院中を徹底的にきれいに磨き上げ、不潔の温床であった汚物を除去し、換気を十分に行ない、兵士たちに温かい飲み物と温かいベッドを用意し、身体を清潔にするなど、生活環境の改善に全力を上げて、感染症の拡大防止に一役買いました。そのためにナイチンゲールは自費で大量の必需品を買いそろえ、洗濯場を作って人を雇い入れ、厨房《ちゅうぼう》を新しくしてフランスから若いシェフを迎え入れたりしました。出費は父が持たせてくれた資金と、「タイムズ」紙からの寄付金で賄ったのです。

加えてナイチンゲールは、感染拡大を防ぐためには抜本的な改革が必要であると考え、本国の戦時大臣をはじめとして、政府筋の高官に手紙で実情を訴え、具体策を提言し続けました。

その成果があって、一八五五年三月に、本国から衛生委員団が派遣されて徹底した衛生環

図10　ナイチンゲールが作った衣類乾燥装置

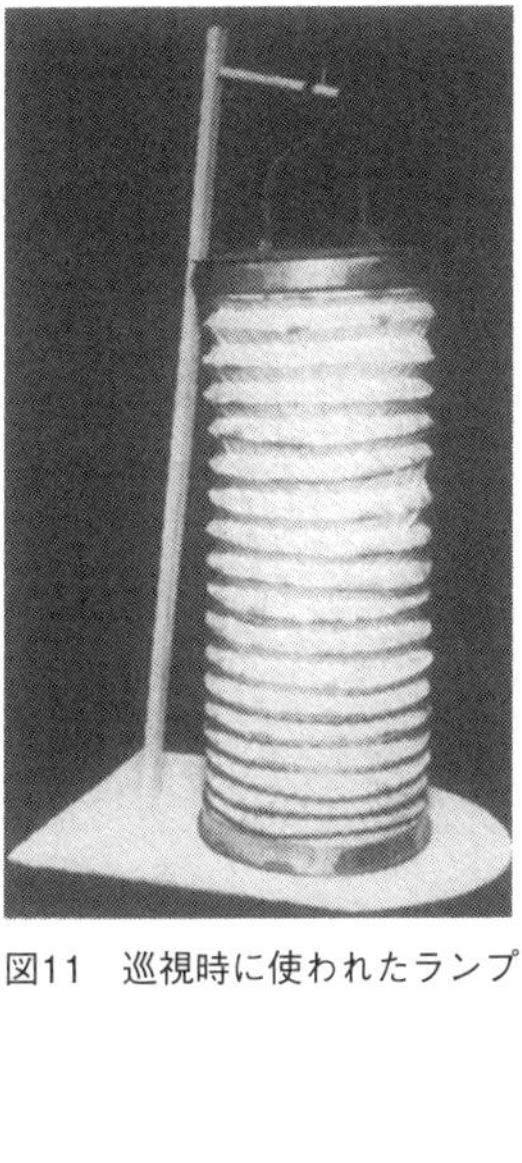

図11　巡視時に使われたランプ

境の改善がなされました。結果として、戦場の各病院は感染対策が行き渡り、またたく間に死亡率が減少しました。最大死亡率が四二・七パーセントだったものが、数カ月で二・二パーセントまで下がったのです。それでも二・二パーセントという数値は、現代では想像もできない高死亡率ですが、この数字がクリミア戦争全体の悲劇を物語っています。

戦場におけるもう一つの変化

クリミア戦争において、ナイチンゲールが成し遂げたもう一つの出来事があります。それは、兵士たちを人間として甦《よみがえ》らせたことです。

英国の兵士たちは、下層民の中でも比較的健康に恵まれた人びとの志願によって構成されていましたが、彼らの質はあまり良くはなかったのです。故郷の村の恥さらし、一族の厄介者といった若者たちが応募しており、彼らには規律や秩序の大切さがわからず、《野獣》だの《人間の屑《くず》》だの《ならず者》だのと呼ばれて、将校たちからは獣のように扱われていたのでした。

ところが、ナイチンゲールの彼らに対する接し方は、まるで違っていました。ナイチンゲールは兵士たちを一人の人間として尊重し、彼らの持てる力が十分に発揮できるよう、あらゆる努力と援助を惜しみませんでした。

彼女は、包帯を巻き始めると、七時間も八時間も跪《ひざまず》いていることがよくありましたが、それでも手術の場には必ず立ち会い、死にゆく人は決して一人にはさせないという信念のもとに、身を粉にして働きました。夜間にはランプを手にして兵士たちのベッドの間を縫って歩き、一人ひとりの状態を確認していくのでした。

しかし、ナイチンゲールが軍組織のなかで定められた手続きのために費やした事務的な時間の量からみれば、こうした具体的な看護ケアは、そのほんの一部にすぎませんでした。彼女は昼夜寝る時間もなく働き続けましたが、一方で回復期に入った兵士たちのために、四つも学校を建てています。授業は超満員で兵士たちは熱心に講義を聴きましたし、合唱団が編成されたり、芝居小屋では兵士による芝居が上演されたりしました。またナイチンゲールは憩いの場である大コーヒー館を造り、図書館を建設し、本国にいる肉親への送金の便を図るための郵便局まで開設して、兵士たちの福利厚生面の充実に力を入れました。それは、彼らが二度と落ちぶれてふしだらな生活を送ることがないよう、自立の道を歩ませるための対策でした。

こうしたナイチンゲールの姿に接した兵士たちが、新しく生まれ変わり、ナイチンゲールに心からの感謝を捧《ささ》げたとしても不思議ではありません。傷や病気が癒えて本国に帰還した多くの兵士たちは、家で、酒場で、口々にナイチンゲールを誉め讃《たた》え、《ランプをもった貴婦人》として、その姿を世の人々に伝えていく役割を果たしました。

さらにこの時に作り上げられ、語り継がれたナイチンゲールのエピソードは、遠く日本の地にも入ってきました。そして、わが国においてもナイチンゲールは、戦争で活躍した貴婦人と評され、自己犠牲と献身の鏡として不動の地位を築いたのでした。

帰国後の決心

一八五六年三月末、和平条約（パリ条約）の調印をもって、クリミア戦争は幕を閉じましたが、一八五六年七月一六日、最後の患者が兵舎病院を去ったことで、ナイチンゲールの全ての任務は終わりました。英国政府は、ナイチンゲールの帰還にあたっては、軍艦を一隻用意したいと申し出ていましたし、彼女が乗った船が着く港ならどこへでも楽隊を派遣して、演奏しながら家まで送りたいと申し出る連隊があとを絶ちませんでした。しかしナイチンゲール自身はこうした賛辞やお祭り騒ぎを聞き及び、決してそれには同意しませんでした。それどころか、むしろ忌み嫌い、恐れてもいました。彼女にとっては、知名度を上げるとか、

図12　帰国後の髪を切り落としたナイチンゲール

もてはやされて英雄視されることなど、何の価値もないことだったのです。彼女はすべてを拒否し、戦争中苦楽を共にしてくれたメイ叔母とともに偽名を使って、秘かにマルセイユに向かって船出したのでした。

二年弱にわたる兵舎病院での任務を終えたナイチンゲールは（途中戦地でクリミア熱に倒れ、一度は危篤状態と騒がれる生命の危機に直面しましたが）、心身共に衰弱して帰国しました。リハースト荘で家族に迎えられた時のナイチンゲールは、髪も切り落としたままで、それは痛々しい姿だったといわれています。

帰国時のナイチンゲールには、ほとんど勝利感はありませんでした。私記には「私は地獄を見た」「私は殺戮《さつりく》された人々を弔う祭壇の前に立っている。生きている限り、私は彼らのために戦う」と書き綴っています。病院で看取った数千の兵士たちのことを考えると、これから自分がしなければならないことがはっきりとみえていました。死者の大半は、戦争そのものによって命を落としたのではなく、それは英国陸軍の健康管理機構の弊害がもたらした結果でした。帰国後のナイチンゲールは、きっぱりとこれからの人生を英国陸軍の組織改革にかけようと決心したのでした。

第三章　社会科学者として成長したナイチンゲール

数学や統計学のとりこになった青年期

ナイチンゲールは少女時代からメモをとったり、出来事を細かく記録することが好きでした。本を読めば余白に感想やメモを書いたりしています。「私記」には自分の心情のかぎりを書き留めていますが、それはノートの場合もありますが、手近にある紙ならなんでも手当たり次第に書きなぐるという状態でした。日付のあるものもあればないものもあります。これらの私記は大量に現存していますから、そこからナイチンゲールの感情や秘密の体験など、内面の様子が分かるのです。

ナイチンゲールの記録好き、数字好きは、例えば一八三七年から一年半のヨーロッパへの家族旅行中に顕著に現れています。ナイチンゲールはある場所から目的地までの距離や、出発と到着の日時などを克明に書き入れた旅行日程表を作っていました。この旅行中にはこうしたスケジュール管理表や時間管理表の作成ばかりでなく、訪れた場所の法律、土地の所有制度、社会条件、慈善団体などについての印象を書き残しています。さらに統計的な数字が書き込まれた記録帳も残されています。また好きだったオペラ鑑賞時には、その楽譜や歌詞、演技を一覧表にしてまとめて、それらを比較分析したりしています。彼女には物事の細部まで観察する鋭い眼差しと、豊かな関心があったことがわかるのです。こうした能力は科学者として必要な素養です。

数学の勉強は、従弟のヘンリーやメイ叔母と一緒に勉強する時間をとっていました。彼女は「数学は自分に確かさというものの意味を教えてくれた」と書いています。さらに深く学ぶために英国の数学者として名高いシルヴェスター（一八一四〜一八九七）に個人指導を受けていました。その先に統計学の世界が広がっているのを知って、当時の権威者であったベルギーの天文学者、気象学者、統計学者であるアドルフ・ケトレ（一七九六〜一八七四）に私淑しています。当時の高い教育を受けた男性にも劣らない高度な知的訓練を受けたことになります。

統計学の水準とナイチンゲールの関心

統計学はそれほど古い学問ではありません。統計表やグラフは古くからいろいろな形で使われてきていましたが、それらが温度や湿度、気圧や風速、潮流などを記録する時に棒グラフとして描かれるようになると、社会の表面に出てくるようになりました。次いでグラフを用いる手法が研究され、座標によるグラフ表現が科学的研究手法として有効であるという認識が育ちました。統計学の祖として名を馳《は》せたケトレは、統計的手段を用いて社会の諸現象の奥に潜む法則性を発見しようとした人でした。彼は観察と計算を基礎において、人間と社会現象を研究し、独自の社会科学の体系を創設したのです。

数学が好きで、かつ神が創造したこの世界の法則を知りたいという強い思いを抱いていたナイチンゲールが、ケトレの統計学に魅せられたのは、当然の帰結だったでしょう。彼女は迷うことなくケトレに学び、ケトレの気象学的研究から導き出された〝顕花植物の法則〟に大きな関心を寄せました。エムブリイ荘の庭に咲くライラックの花の開花時期を計算して見事に当て、周囲を驚かせたエピソードが残っています。「ライラックは霜の終わりの時から計算して、毎日の平均気温の自乗の和が、摂氏四二六四度に達した時に開花する」という法則を知っていたからです。

こうして数学的素養と統計学的思考方法を身に付けた女性として成長していったナイチンゲールは、自分の周囲に起こっている社会現象を、徹底的に調査、研究し、解決策の提案を行い、結果を評価するという、現代の社会科学者と同様の仕事をしていく道を歩むことになるのです。

衛生改革者としての基礎を築く

その頃登場するのが、公衆衛生法（一八四八）を起案したエドウィン・チャドウィック（一八〇〇～一八九〇）です。チャドウィックは、全国規模の精密な調査に基づく大部の報告書『*Report on the Sanitary Conditions of the Labouring Population of Great Britain*』（大英帝国における労働人口集団の衛生状態に関する報告書）を一八四二年に書き上げ、恐るべき社会悪の実態を告発し、広く社会にアピールするとともに、政府の責任による衛生改革の緊要性と住民自治に根差した地域公衆衛生活動の重要性を説いたのでした。チャドウィックは、感染症の原因は物が腐敗したことによって生じる空気の汚染にあるという〝瘴気説《しょうきせつ》〟をとっていましたから、汚れた空気を生じさせる汚物やゴミなどを徹底的に排除するという対策を打ち立てています。この時代、空気の汚染が感染の原因であるという考え方は、専門家の間ではごく一般的でした。病原菌が発見されて〝感染症はその病気を引き起こす微生物によって引き起こされる〟という今日につながる〝病原菌説〟が出てくるのは一八八〇年代になってからです。

一方、ナイチンゲールは自分が望む生活が実現しない現実の中で、着々と知識を身に付け始めていました。来る日も来る日も「秘密裏に勉強した。夜明け前に起床して、蠟燭《ろうそく》の明かりの下で、肩掛けにくるまって書きものをした。何冊ものノートにおびただしい量の事実資料をぎっしりと書き込み、それを比較検討し、索引を付し、また一覧表にした」と、伝記作家ウーダム・スミスは書いています。ナイチンゲールはその当時出版された政府白書や病院関係の報告書を取り寄せて、徹底的に研究していたのです。上記のチャドウィックによる衛生状態に関する報告書にも目を通していました。結果として、この時の猛烈な学習の成果は、衛生統計学者としてのナイチンゲールを育てたのです。ウーダム・スミスが述べたように、彼女は衛生条件に関する膨大にして詳細な知識の基礎を頭に叩《たた》き込んだのですが、それによって、やがて彼女はこの領域における、ヨーロッパ最初の専門家になったのです。ただし顕微鏡によって「細菌の存在」が証明されるようになるまでは、ナイチンゲールが抱いていた感染説もチャドウィック同様、瘴気説に根ざしており、不潔による空気汚染を最も問題視していました。この点は時代の限界と言えるのですが、ナイチンゲールは環境改革の前提条件として「換気」「清潔」「排水」「浄水」「陽光」を重視した解決策を提示しており、この徹底した「感染症対策」は、その後に執筆したナイチンゲール文書の中にしばしば記されていくことになります。

初めて行った社会調査

ナイチンゲールが初めて行った本格的な病院の実態調査は、パリ滞在中に行われました。それは《淑女病院》に入職する前の一八五三年二月のことです。家族の束縛から少し自由になった彼女は、パリにいる親しい友人夫妻を訪れて一カ月ほど滞在したのですが、この一カ月の間に凄まじい仕事を成し遂げたのです。

彼女は病院や診療所や救貧院や諸施設を訪問して、医師たちの診療場面や手術に立ち会い、各種病院の組織機構や設備環境を比較した表を作り上げました。また二〇代の時に培った専門知識を駆使して、詳細な調査質問紙を作成して、それをフランス、ドイツ、イギリスの諸病院に送付し、ヨーロッパ中の病院の組織や看護の機構に関する膨大な量の報告書や回答や統計数値などを手元に集めたのです。集まったデータを対照し、要約するという作業をたった一カ月間で行ったのですから、これは驚くべき能力です。この頃のナイチンゲールは、すでに明らかに病院というものに精通した専門家に育っていました。この能力をもって《淑女

図13　患者のベッドの傍らでまどろむ酔っ払い看護師

病院》の改革に乗り出したと考えられます。

一八五〇年頃の英国の病院実態

ナイチンゲールが見た当時の病院の実態を描いてみましょう。その酷《ひど》さはクリミア戦争中に見た兵舎病院などと比べても、決して良くはありませんでした。

病院は悲惨と堕落と不潔の巣のような状態にありました。患者はコレラが潜伏するような「貧民窟」と呼ばれる安アパートや家畜小屋や地下室などから、湧き上がるように詰めかけました。病室はだだっ広く、窓もなく薄暗く、換気も掃除もまともに行なわれていませんでした。ベッドとベッドの間隔は六〇センチほどしかなく、ぎっしりと並べられ、シーツも汚れ放題だったのです。病院全体に吐き気を催すような悪臭が漂い、壁には水滴が川のようにしたたり、苔《こけ》やカビが生えていました。

患者たちはアルコール類を密かに持ち込み、酔っぱらい、患者同士が逆上しあったり、つかみ合いをしたり、暴力も絶えなかったので、公然と警官がパトロールしているという有様でした。

さらに酷いことに、ここで働く看護師たちは教育訓練も受けていない掃除婦のような女性たちでした。患者と共にアルコールに酔い、性的トラブルも多発して、患者へのケアはほとんど行われていない状態でした。看護師たちは病室以外に住居を持っていませんでしたから、病室で眠り、そこで煮炊きすることは常態だったのです。こうした病院看護師の悪評高き不道徳さは、世の中に広く知れ渡っていました。ナイチンゲールは「私の長年の経験で、酒を飲まない看護師などお目にかかったこともなく、どの病室でも不道徳がまかり通っていました」と語っています。こうした状況は、スクタリの兵舎病院内でも、またクリミア半島に開設されていたいくつかの病院においても同様でしたから、ナイチンゲールの病院改革や看護改革の第一歩は、患者や看護師たちに禁酒を守らせることにありました。

このような環境で治療薬も不足しているとなれば、入院患者がスッキリと回復に向かうはずがありません。病院は死にゆく場所でもあったのです。こうした病院の実態調査はクリミア帰還後にナイチンゲールによって本格的に行われました。

陸軍組織改革の企て

一八五六年八月、クリミア戦争から帰還したナイチンゲールは、〝英国の兵士の生命を救え〟という内なる声に応えるために、クリミアで味わった陸軍の諸々《もろもろ》の権力との闘いに今一度挑もうとしていました。それは英国陸軍の健康管理体制の改革という、途方もなく遠大な事業でした。そのためこの事業推進を優先順位第一位におき、その他の本来やりたかった仕事には、当面目を瞑《つぶ》るしかありませんでした。

まず、クリミア戦争の戦後処理を行うための委員会を樹立させようと考えました。委員会内で、戦争中の組織管理体制がいかに多くの兵士たちの生命をないがしろにしたかを明らかにし、その結果をもって新たな組織改革案を提出する計画でした。しかし政府や官僚たちを動かし、目的を達成させるには大きな壁が立ちはだかっていました。ナイチンゲールが女性であり、かつ政治には無関係の立場にあること、そしてすでに民衆に支持された国の英雄であったことです。こうした条件は官僚たちがもっとも警戒するものだったからです。

しかし運命は大きく切り拓かれました。ヴィクトリア女王からのお召しが届いたのです。

女王は戦争中のナイチンゲールの体験を私的にも公的にも聴きたいと望み、スコットランドにあるバルモラル城に招いたのでした。女王は陸軍を王権の元に統帥しようと考えていたのです。

帰国後間もないお召しであったため、ナイチンゲール自身は疲労で憔悴《しょうすい》していましたが、この機会を逃さず、九月二一日の午後、女王並びに夫君アルバート殿下に謁見しました。二時間以上にも及ぶ会見は大成功を収め、女王は「彼女のような人が陸軍省にいてくれたらと思う」と書き記しています。その後も数回女王とナイチンゲールは私的に対面して、親しく意見を交換しています。女王はナイチンゲールの希望を聞き入れ、「勅選委員会」の設置をお許しになったのでした。あとは委員会メンバーを選定して動き出すばかりとなりました。しかし実際に「勅選委員会設置」の女王の勅許状公布の発表が行われたのは、八カ月後の一八五七年五月五日のことでした。委員会はその翌週に発足しました。

「勅選委員会」の仕事

ナイチンゲールの勅選委員会における優先課題は、主にクリミア戦争において何が誤りであったのかを分析することにありました。彼女は同時進行で二つの分析作業を進めていきました。一つは「公式な勅選委員会の報告書」作りであり、もう一つはパンミュア卿の要請による「機密報告書」と呼ばれた報告書作成のための作業です。

ナイチンゲールは委員会の名簿を作成し、準備を整えていました。委員のなかでナイチンゲールに大きな影響力を及ぼしたのは、統計学者のファー博士と衛生学者のジョン・サザランド博士でした。さらにクリミア時代以前からの親しい友人ジェームス・クラーク博士からも大きな支援を得ました。因《ちな》みにクラーク博士は、ヴィクトリア女王の主治医です。そして委員長はシドニー・ハーバートでした。ナイチンゲールにとってこの委員会の仕事は、政府の要人であるハーバートなくしては一歩も前に進むことができません。旧知の間柄にあったハーバートの協力は何よりもナイチンゲールに力を与えました。

「機密報告書」は、完成時には一〇〇〇頁《ページ》にも及ぶ膨大なものとなっています。略して『英国陸軍の保健覚え書』というタイトルですが、正式な表題は『主に先の戦争での体験に基づく英国陸軍の保健と効率と病院管理に影響を与える事項に関する覚え書』です。公式報告書と機密報告書はいずれも一八五八年に完成し、公式報告書は政府によって刊行されました。〝要約という機密文書〟は、ナイチンゲールの私費で印刷され、当初は信頼のおける人たちにのみ送り届けられました。

報告書作成の作業は、膨大な資料をもとに関連する人々への事情聴取、図表作り、比較検討、分析、考察というプロセスを経てまとめられています。ナイチンゲールは関係者との打ち合わせ、討論、執筆など寝る間も惜しんで働き続けました。疲労で倒れ、一時意識が薄れるという健康障害を起こしましたが、なんとか持ちこたえました。しかし、この間の病状は深刻で、二度とユニフォームを着て看護師として働くことは不可能となりました。

また、若き日々の彼女の特徴であった思いやりや寛大さなどは影をひそめ、驚嘆すべき知力が発揮され、苦痛に耐える力や鋼のような意志力が強まり、周囲からは頼りになる存在なのですが、女性らしさに欠けた面が目立ってきていました。それほどこの仕事は過酷なものだったのです。

二つの報告書

勅選委員会の報告書の存在は、長いあいだ人々にはほとんど知られていませんでした。編集及び記述の大半はナイチンゲールによるものでした。この時期のナイチンゲールはロンドンにあるホテルの一室で仕事をしていました。そこには多くの関係者が顔を出し、打ち合わせをし、討論し、内容を吟味していましたから、ここは「小陸軍省」と呼ばれるようになっていました。

完成した二つの報告書は、内容に重複はありますが、それぞれの目的が異なっていましたから、文書形式にも相違があります。公式報告書は刊行され公になるものですが、機密報告書はごく限られた人々に配布されるものですから、内容には踏み込んだ記述が見られます。戦争で死者が多かったのはどこに問題があったのか、その責任の所在はどこにあるのかについて、包括的かつ詳細に述べて分析しています。職務の怠慢や責任の放棄については、責任者の名前や問題事象の発生日時なども指摘しています。

そしてどちらの報告書においても、スクタリの兵舎病院の汚物で溢《あふ》れていたトイレや下水の実態が記されています。兵士たちは、責任者たちが重大な衛生上の欠陥への対応を怠ったがために、苦しめられ、奪われなくてもよかった生命を絶たれたという事実が明らかになったのです。こうして原因の所在が明らかにされた報告書は、その後の英国陸軍の組織改革や英国内の病院改革の基礎資料となり、改革のエネルギーとなっていきます。

第四章　ナイチンゲールが作成した統計図表

ナイチンゲールは、統計学的技法を駆使して独自の統計表を数多く作成しています。代表的なものを、順次、紹介していきましょう。

一つ目の図14は前章で述べた「機密報告書」の中に描かれた「バッツ・ウィング」（コウモリの翼）と呼ばれているグラフです。クリミア戦争中に亡くなった兵士の死亡率を、英国で一番不潔な都市と言われていたマンチェスターの男性の死亡率と比較したものです。

右の円は戦争の始まり時点の一八五四年四月から一八五五年三月までの一年間を一二分割し、中心から離れた第一、第二、第三の円は、各月の一〇〇〇人当たり一〇〇ずつの死亡率で区切っています。各月の死亡率を軸上にプロットして線で結び、面積で表示しています。そして左の円は一八五五年四月から戦争終結の一八五六年三月までの一年間が示されています。この表からは、一目で一八五五年一月～二月の死亡率が異常に高く、それが同年の九月には収束している様が見て取れます。この数値は、一八五五年三月に本国から派遣された衛生委員団が衛生対策を施行した後に激減していることを示しています。

真ん中の小さな円の中心にある黒丸の面積が、マンチェスターの男性死亡率ですから、それと比較すると、いかに戦地における兵士の死亡率が高いかが一目でわかります。

英国兵士の死因別死亡率

二つ目の図15も「機密報告書」の中に描かれたもので、同じく「バッツ・ウィング」または「鶏頭図」と呼ばれるグラフです。これは戦闘中の死亡者を除き、伝染病が原因で死亡した兵士の死亡率、負傷が原因で死亡した兵士の死亡率、その他の原因で死亡した兵士の死亡率というように、三種類の死亡原因別に分けて、前述のグラフと同じように一八五四年四月から一八五六年三月までの各々の月ごとに死亡率を表したものです。

中心に近い「黒色の部分」が負傷者の死亡率を、その周囲にある「濃い灰色の部分」は伝染病以外のその他」の死亡率を、さらに大きく広がる「淡い灰色の部分」は伝染病による死亡率を表しています。

これによってナイチンゲールは、死亡者の大部分は戦闘によって亡くなったのではなく、収容された病院環境の劣悪さと医療体制の不備が原因で亡くなったのだということを可視化して示したのです。

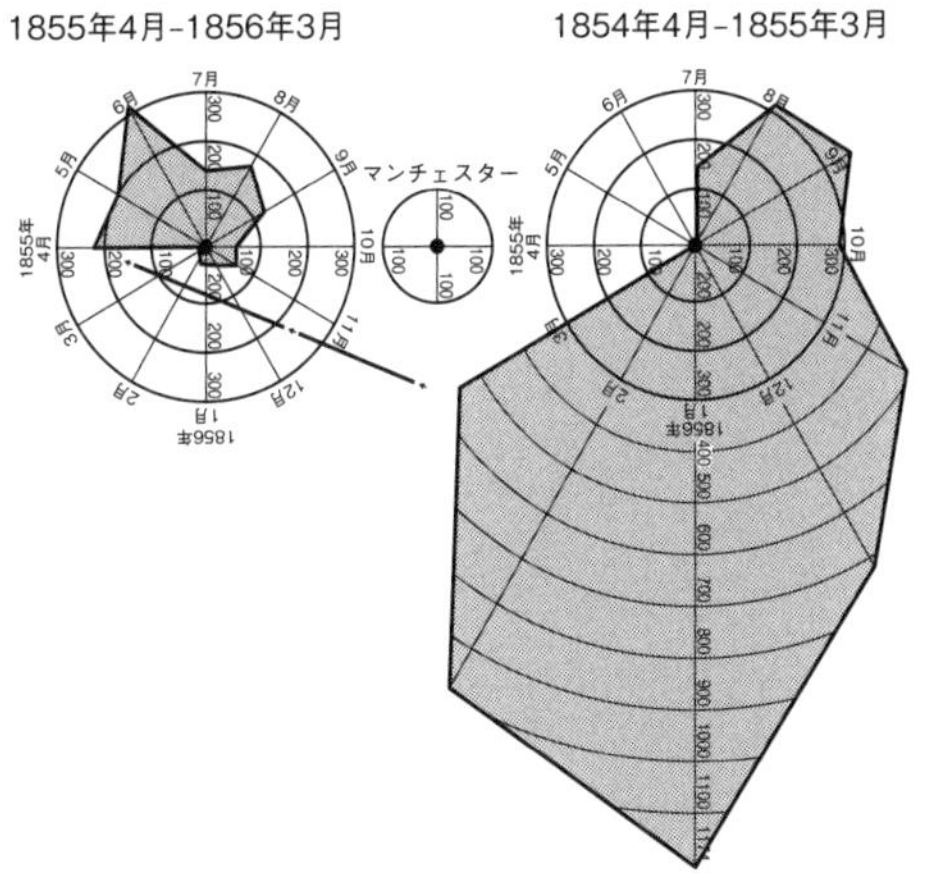

図14　陸軍兵士の死亡率

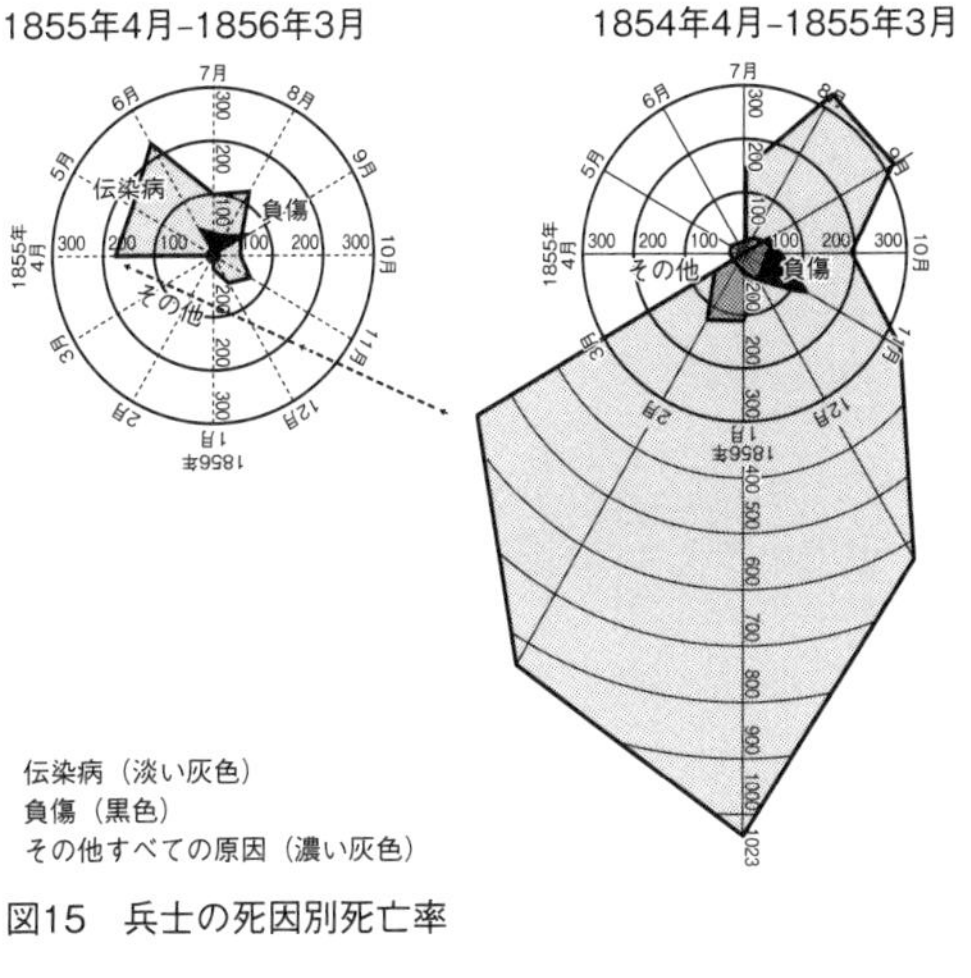

図15　兵士の死因別死亡率

このグラフ作成のための「基礎資料」を次に示します。死亡率は、次の計算式によって導き出されます。

$$死亡率 = \frac{月死亡者数 \times 12}{月平均兵力} \times 1000$$

この計算式によって、例えば伝染病の死亡率が最も高かった一八五五年一月の死亡率を計算すると、一〇二二・八となります。可視化された「バッツ・ウィング」図は一目瞭然で、見た人々の目を開かせ、彼らにクリミア戦争の隠れた事実を気づかせるのに役立ったのです。

国内の陸軍兵士たちの置かれた劣悪な生活環境

三つ目の図17のグラフも先の「機密報告書」の中に描かれたものです。陸軍兵士と一般市民の死亡率を比較することで、兵士たちが置かれた日頃の生活環境がいかに劣悪なものであったかを証拠立てるために作成されました。

英国兵士の原因別死亡者数

西暦年	月	平均兵力	伝染病	負傷	その他
1854	4	8571	1	0	5
	5	23333	12	0	9
	6	28333	11	0	6
	7	28722	359	0	23
	8	30246	828	1	30
	9	30290	788	81	70
	10	30643	503	132	128
	11	29736	844	287	106
	12	32779	1725	114	131
1855	1	32393	2761	83	324
	2	30919	2120	42	361
	3	30107	1205	32	172
	4	32252	477	48	57
	5	35473	508	49	37
	6	38863	802	209	31
	7	42647	382	134	33
	8	44614	483	164	25
	9	47751	189	276	20
	10	46852	128	53	18
	11	37853	178	33	32
	12	43217	91	18	28
1856	1	44212	42	2	48
	2	43485	24	0	19
	3	46140	15	0	35

図16　グラフのために使われた基礎資料

当時の英国には徴兵制度はありませんでしたから、兵士を希望した若者が志願して戦地に赴いたのですが、選抜された彼ら兵士たちの健康状態は、概して一般の若者と比較して良好な状態にあったはずです。

しかしナイチンゲールが作成したグラフからは、一八四九〜一八五三年の二〇〜四〇歳までの人を対象としてみた場合、英国の一般男性の一〇〇〇人当たりの年率死亡率の方が、国内の陸軍兵士の死亡率よりも低いことがわかります。ここから、ナイチンゲールは陸軍兵士が置かれた生活環境が整っていないのではないかと考えました。

そこで彼女は、もう一枚のグラフを作成することにしたのです。

図18は、野営地の人口密度とロンドンの人口密度を比較したユニークなグラフです。上段の三つの円グラフは、陸軍主計長官の野営計画のデータに基づいて作成されたもので、所定の地面に張るテントの数に対する相対的人口密度を表しています。また下段の二つの円グラフは、右からロンドン、イースト・ロンドンの人口密度を表します。いずれも一八五一年当時の数値から作成されています。

点（・）の数は人口密度を表し、六角形はそれぞれの人が占める平均面積を、さらに点と点を結ぶ線は、接近度、すなわち身体が占める空間を含んだ人と人との間の平均接近度を表

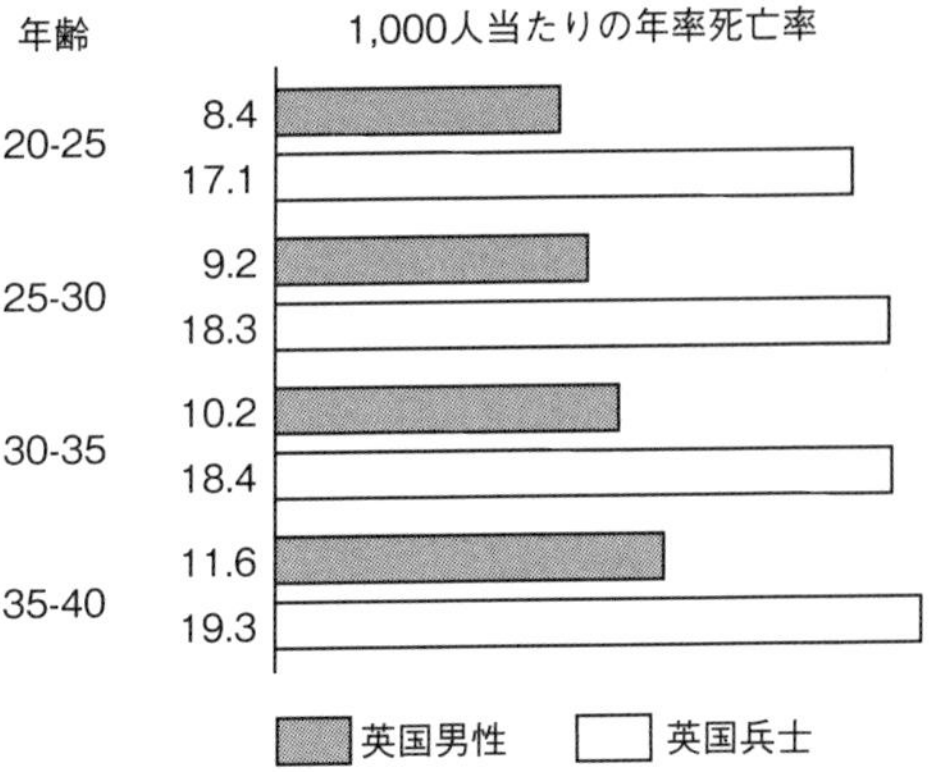

図17　年齢階層別死亡率

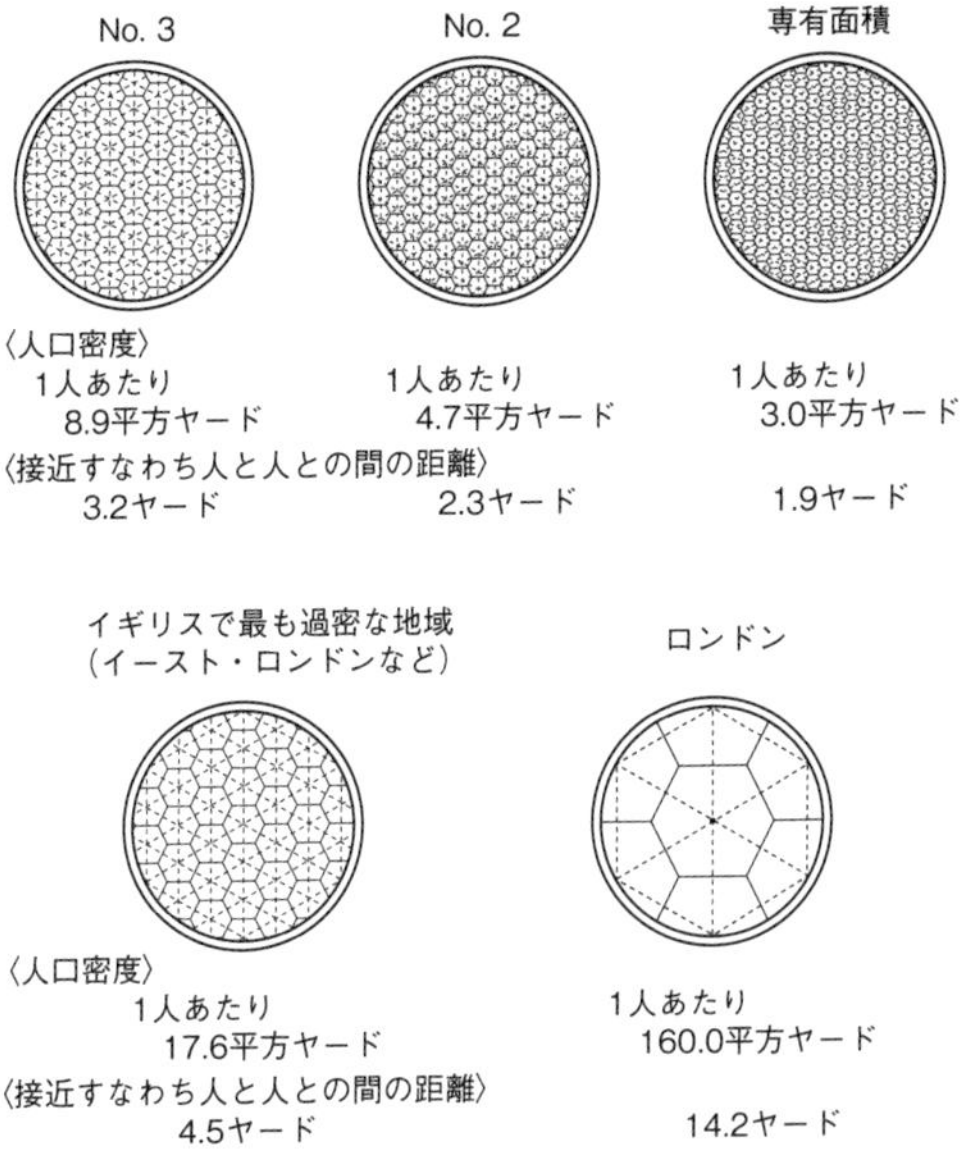

図18　野営地の人口密度とロンドンの人口密度との比較

しています。

人間が住む一定の居住空間にどれだけの人が押し込められているかによって、つまり一人当たりの専有空間の広さと接近度は、そこに住む人間の健康度と相関があるとナイチンゲールは言いたかったのです。この観点から彼女は、人口密度が高い兵舎やテントに住む兵士たちの健康は損なわれているということを証明したのです。

ナイチンゲールはこの点について次のように述べています。

「一定の地域の人口密度の問題は、きわめて重要な衛生上の原則とむすびついている。実際、この問題全体に重大な関心がはらわれてきたのである。ことに〝他の条件が同じなら、所定の人口の有病率・死亡率はその人口密度に正比例する〟ことが明らかになってからは。最も人口密度の高い町は、一般的に最も不健康である。熱病、コレラ、下痢、肺結核など、有力な病気は大気の汚染と関連している。人口密度が高い地域では空気の循環が悪い。また人口が密集している地域では、そうでない地域にくらべ、取り除かなくてはならない有機物のゴミの量がはるかに多いことも、言うまでもない」

このようにナイチンゲールは、人口密度と有病率・死亡率との関係を研究していたことがわかりますが、その結果、陸軍の保健衛生上の問題点を指摘し、組織改革の必要性を強く説くことになりました。幸い、このナイチンゲールの見解はヴィクトリア女王にも認められ、陸軍の衛生改革は足早に進んだのでした。改革は陸軍医学部の再編成にまで及びましたが、その成功の秘訣《ひけつ》は、ナイチンゲールが現実の姿を的確な統計表を作成して示したことにありました。ナイチンゲールの統計図表は、人々を説得するのに大いに力となったのです。

以上、三点についてナイチンゲールが作成した統計図表を紹介しましたが、これ以外にも彼女がテーマ別に作成した図表は数知れません。ユニークな視点で独自に開発した数多くの図表は、当時としては珍しく、ナイチンゲールが今日にも通じる統計学者であったことを示すものです。ナイチンゲールは事実を明らかにするために実態を調査し、統計学的視点で分析して図表で表す。それに基づいて結論を出し、必要な改革案を提言するという、まさに今日の社会科学的研究の手法と同一の手法を用いていたのです。

医療統計分野の草分け的存在

ナイチンゲールが関与した統計学的手法は、「医療統計」や「病院統計」の分野においても、今日に至る医療界の発展に大きな影響を及ぼしました。

ナイチンゲールは英国陸軍の兵士の死亡率を調査していくなかで、平時の一般病院の実態調査にも踏み切りました。それは当時の英国における患者の死亡率が目に見えて高かったからです。原因はクリミアで見た病院の最悪の酷《ひど》い状況と同様、病院環境の不潔と感染対策の無視にありました。しかしここで、彼女は病院の実態を調査するうちに、集められる数値の元になる統計表の不備に気づきました。つまり、病院はそれぞれが勝手に作った基準にそって在院日数や死亡者数を書き込んでいたのです。共通する統計書式がなければ、集積されたデータを使って事実を分析することも、対策を講じることもできません。そこでナイチンゲールは全病院に採用してもらえるような「共通する病院統計表」を考案することにしたのです。

まずナイチンゲールが行ったのは、各病院が独自に作成した〝疾病分類方法〟を改めました。医師が診断した結果を、各病院がバラバラに作成した様式に記載するのではなく、共通の基準に基づいて整理された「疾病分類表」に記載する方式を主張したのです。結果、ナイチンゲールによって考案された「疾病リスト」が公表されました。それは大きく五つに「分類」されています。Ⅰ．伝染性疾患、Ⅱ．体質性疾患、Ⅲ．局所性疾患、Ⅳ．発育性疾患、Ⅴ．不慮の事故・疾患死です。各分類の下には疾患の「種類」があり、その下には「疾患名」が並びます。

ナイチンゲールが作成したこの「疾病標準リスト」は、第一回国際統計学会においてすでにその必要性が強く認識されており、標準学名分類の作成が要請されていたことがわかっています。まさに時代の要請に従ったとも言えるでしょう。彼女は一八五五年に採択された「疾病分類方式」に則《のっと》ってリストを作成したのですが、医師ではないナイチンゲールがこうした仕事を手がけるとは、およそ想像もつかないことです。

同時にナイチンゲールは、数種類の「標準病院統計」の雛型《ひながた》をも考案しています。それは「病院入退院記録簿」や「病院年次報告書」などで、現在では当たり前になっている記録簿の原型がそこに見られます。

ナイチンゲールは「各病院において、この様式が一般的に採用されれば、病院相互の死亡率の比較のみならず、年齢別、地域別（国内外を通じて）、階層別の疾病、傷害の死亡率および相対的頻度が確認され、加えて、患者の入院期間の調査と相まって、特殊治療や手術の頻度が統計的に裏付けられると共に、病院自体の衛生管理状態が把握される」と述べています。実際に彼女が発案した統計表は、多くの病院で採択され活用されたようです。

さらに後年、ナイチンゲールは産科病棟の妊産婦の死亡率が高いことを突き止め、その原因を把握すべく国内外の産科病院の実態を調査したことがありました。当時は産褥熱《さんじょくねつ》による死亡の判定基準としての産後日数も定められていませんでした。統計表を作成するのに必要な「母親の年齢」「既婚・未婚」「妊娠回数」「前回の出産年月日」「妊娠期間」「分娩《ぶんべん》回数」「陣痛開始時間」「陣痛持続時間」「胎位」「児《こ》の生死」「児の性別」「在院日数」など、分娩記録に必要な事項が完全に欠如していたのです。こうした項目が記載・記録されていないかぎり、正確な分娩実態は把握できないし、他施設や他国との比較も困難です。そこでナイチンゲールは、自ら「産科事例の記録のための書式案」を考案し、今後はこれをどの施設においても使ってほしいと願ったのです。この表には、上記欠落項目の他に「住所」「入院年月日」「陣痛開始日」「分娩の種類」「分娩合併症」「手術処置」「分娩後の事故（あれば）」「出産（一子・双子・三つ子）」「退院年月日」などの項目が盛り込まれており、現代においても十分に通用する内容となっています。

ケトレを凌《しの》いだ実力

統計学分野でナイチンゲールが残した業績は、今日に至ってようやく評価され始めています。はじめはケトレから手ほどきを受けたナイチンゲールですが、その後自らの発想で作り上げた数々の統計図表は、ケトレをはるかに凌駕《りょうが》しています。

統計図表の価値について、ナイチンゲールは次のように述べていました。

「図（ダイアグラム）は、生命統計上の問題を説明するのにたいへん役に立つ。というのも、これを使うと一目見るだけで問題の要点がわかるからである。数値だけでは、そんなに素早く理解することはとてもできない」

図表の持つ価値をズバリ言い当てています。この発想は、今日盛んに言われている〝根拠のある医療〟を実現するのに不可欠な研究手法ですから、ナイチンゲールがいかに時代を先取りしていたかがわかるでしょう。統計学の専門家でもなく、データ処理方法がまだ開発されていない時代において、ナイチンゲールはデータの分析とその考察において、並みはずれた能力を持っていたのです。彼女の提案に説得力があるのもうなずける話です。

こうした業績が評価され、ナイチンゲールは一八五八年に英国統計学会初の女性会員となりましたし、一八七二年には、アメリカ統計学会の名誉会員に推挙されました。

第五章　病院建築家の顔を持つナイチンゲール

『病院覚え書』を執筆

ナイチンゲールの環境改善への要求は、当初の対象だった英国陸軍の兵士たちの生活から、一般病院に入院する患者たちの生活へ、さらに一般国民の暮らし（特に住居）の改善へと広がっていきました。究極の目的は、不衛生な環境、不健康な住居が伝染病を生む素地とならないよう、人間が生きるに望ましい環境条件に改めること、そしてそこに確かな看護実践を介在させることにありました。この二点を強調することによって、国民全体の健康を助長し、人々を苦しみから救い、〝病院病〟などの疾患から生命を守ることができると考えたのです。

ナイチンゲールが当時最も危惧した点は、本来病気を回復させるために存在する病院が、病院建築の基本を無視したために、二次感染を誘発してしまって、死亡率を上昇させているという現象に対してでした。それはクリミア戦争において、病院の構造の不備によって多くの兵士たちを死に追いやってしまったというナイチンゲールの無念さからきています。そのために帰国後は一般病院のあり方にも目を向け、病院建築のあり方について、数々の提言を行ないました。

病院のあり方に関する指摘の大要は、『病院覚え書』という著作にまとめられています。本書の初版は、第三章で詳述しました大部の二冊の「報告書」を書き上げた同年の一八五八年でした。ナイチンゲールの多忙さが目に浮かぶようです。その後二回の改訂が行なわれ、一八六三年に第三版が出る頃には、多くの人々の目に触れるところとなりました。第三版は総頁《ページ》数約二〇〇頁に及ぶものでした。中にはふんだんに図面が盛り込まれており、ナイチンゲールの主張が視覚的にわかるように工夫されています。本章ではこの『病院覚え書』第三版を主軸にして、ナイチンゲールの病院建築に関する考え方の基本を読み解いていきます。

病院建築構造による健康被害

病院という建物の形態や、病院が果たすべき社会的役割については、今日の社会にあっては誰でも一様に理解していますが、ナイチンゲールの時代には、その機能や役割について、今日的なイメージを持っている人はほとんどいませんでした。病院を〝機能的建築〟、すなわち、〝その果たすべき機能を最大限に発揮するための施設〟であるとする考え方が確立したのは、一〇〇年ほど前からのことで、それ以前、病院は例えば、僧院、宮殿、刑務所、兵舎など、元来、他の目的で建てられたものを転用して用いられていました。病院が医療の展開の場として今日的な機能を備えるようになったのは、一九世紀末頃からで、実はナイチンゲールの業績に負うところが大なのです。

ナイチンゲールは『病院覚え書』の冒頭部分で次のように述べています。

「病院がそなえているべき第一の必要条件は、病院は病人に害を与えないことである。というのは、病院、それも特に人口の密集している都市の病院の中での死亡率が、病院以外の場所で手当てを受けている患者について予想できる同種の病気の死亡率よりも、はるかに高いからである」

特に都市の病院に入院している患者は、入院することによって死亡させられている……。この事実に関心を注いだナイチンゲールがまず追究したのは、病院の構造が入院した患者の入院期間や死亡率に影響を及ぼしているのではないかという点でした。追究の結果、彼女は当時の病院構造の欠陥を具体的に指摘し、あるべき病院構造の原則をうち立てることに成功したのです。その過程でナイチンゲールは、自身で病院建築の設計図を描き、具体的に病院を建築するに際しては相談に乗り、それがどのような効果をもたらしたかという評価まで行なっています。ナイチンゲールには〝病院建築家〟としての一面が存在したのです。

ここでは、ナイチンゲールの病院建築に寄せる思考のプロセスを追ってみましょう。

「注意深く観察する者であれば、死亡率をみるよりも病院内での熱病の発生と蔓延《まんえん》、病院壊疽《えそ》や丹毒、膿血症《のうけつしょう》の発生と蔓延をみるほうが、病院の衛生状態の欠陥をよりよくテストできるということをもはや確信しているはずである」

「それでは、いったいそうした結果をもたらす病院の欠陥とは具体的にどういうことなのであろうか？　私はすぐにこういいたい――そうした悪の大部分をもたらす原因となるものは、病院の位置と設計上の欠陥、およびそれらに付随する不完全な換気と過密である――と」

〝病院病〟発生の原因

ナイチンゲールは、〝病院病〟を発生させる原因として、具体的に以下の四点を挙げています。

ａ：ひとつ屋根のもとに多数の病人が密集していること

ｂ：ベッドひとつ当たりの空間の不足

ｃ：換気の不足

d：太陽光線の不足

何よりも病院全体や病室全体の換気を重視したナイチンゲールですが、換気を妨げる病室構造の欠陥については、細かな指摘をしています。ここにその欠陥として挙げた五点を紹介します。

①病室の高さの欠陥
②向かい合う窓と窓との間が広すぎる病室
③窓のない壁に沿ってベッドを配置してある病室
④窓と窓の間に二列以上ベッドを並べている病室
⑤一方の側にしか窓のない病室、あるいは窓のない廊下で連結されている病室

その他、当時の多くの病院を例に挙げながら、病院に不健康さをもたらす一般的かつ避けることのできる原因を多数とりあげ、次にそれらをふまえて、〝病院はどのように建築されるべきであるかという原則〟について述べています。

「病院構造の第一原則は、分離させた各パビリオンに病人を分割することである。病院の場合パビリオンとは、建物全体のうちの分離して造られている一棟をいう。（中略）パビリオ

ン建築を特徴づける決定的なポイントは、規模がどうであれその病院をいくつかの独立した部分に分離させ、全体に共通の管理はあるが、その他の点ではいっさいが別々であるということである」

パビリオン構造の病院建築の利点

パビリオン式の大部屋主体の病院構造は、ナイチンゲールが生きた時代以前から、ヨーロッパ全体に存在していました。したがってこれらがナイチンゲール病棟出現への潜在的基盤になったと考えられますが、ナイチンゲールはこのパビリオン式病棟の特徴を高く評価したことになります。シンプルなパビリオン式病棟の良さは、以下の四点にまとめることができます。

一.　自然換気が容易に、かつ完全にできる病棟構造であること
二.　看護面からみて、監督指導が容易にできること
三.　患者の規律が守られやすい病棟であること
四.　建築上および管理上、費用が少なくてすむこと

そして一八七一年、ナイチンゲールが指摘した条件を満たした病棟が、ナイチンゲールの

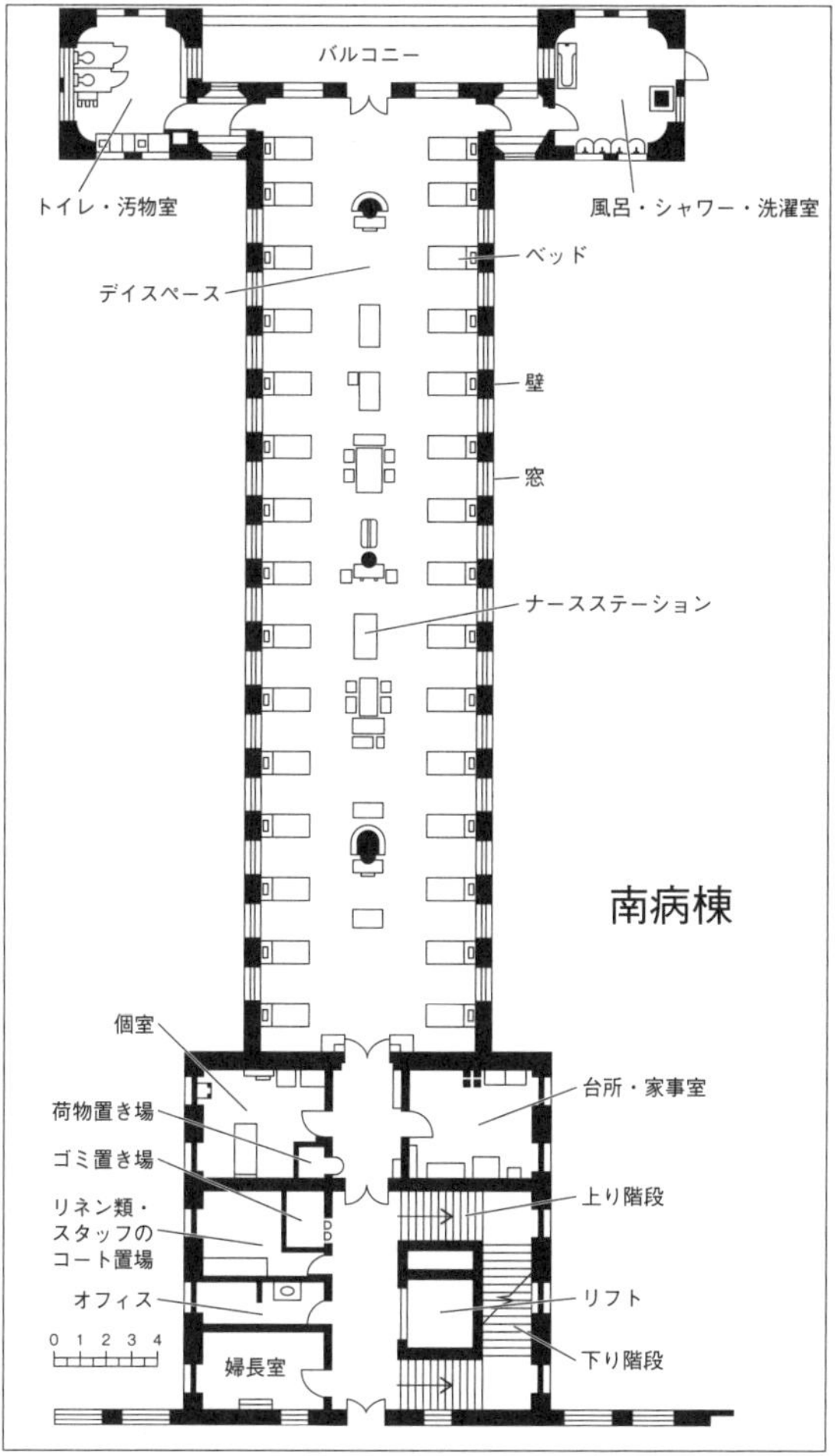

図19　ナイチンゲール病棟図面

指導のもとで、ロンドンの聖トマス病院に建築されました。ナイチンゲール病棟のモデルとして歴史に残るデザインです。

ナイチンゲールが提言した病棟構造の特徴

【図19】を見ながらナイチンゲールが指摘した〝あるべきパビリオン式病棟の構造〟についてみてみましょう。

a：各棟の病室の階数は、二階以上にすべきではない。もっと高くする場合は、各パビリオン間の距離を建物の高さの二倍とること。

b：各階の病室数は、パビリオン全体を端から端まで開け放して、ひとつの階に病室はひとつとすべきである。

c：ひとつの病室に収容する最適のベッド数は、二〇〜三二床がよい。

d：特殊な患者を収容するための個室は、一カ所にまとめて他の病室とは別に管理すべきである。大病室に付属させておくと、適切な看護が提供できないからである。しかしひとつのパビリオンに付属させる場合には、二床までとする。

e：窓は少なくともベッド二つごとに一つの窓がほしい。それは①光、②換気、③患者がベッドでものを読めるようにするためである。

f：病室の換気は、ドア、窓、暖炉を主な換気手段として使うべきである。

g：浴室は、大浴室と小浴室を設け、大浴室は病棟から遠くない位置に廊下から入れるように独立して設け、小浴室は病棟に敷設する。

h：便所は病室の入口と反対側に設ける。間には明るい、換気のよい廊下をはさむ。病院事務員や看護師のための私用の便所は、患者用とは区別して造らなければならない。

i：シスター室（婦長室）は病棟の片側に配置され、寝室及び居間として十分な広さをもつものとする。婦長は昼夜を問わず待機して指揮をとる。

j：家事室は各病棟にひとつずつ、婦長室の反対側の通路に付属して設ける。ここには看護師が食事をとったり、補助婦が洗い物などをすることができる効率の良い、無駄のない設備が必要である。

k：リネン室は広くて照明の充分な部屋が必要である。修繕室は別に設ける。

l：調理場は病棟から離し、壁と天井は明るい色のセメントにする。

m：洗濯室は病院建物とは別棟にし、汚れ物は壁の中に造られたシュートを通して運ばれるようにし、それらを速やかに洗濯室に運ぶ。

このように、ナイチンゲールの指摘の一つひとつは、当時としては画期的なものでした。汚物はダストシュートを通して運べという案は、現代の発想ではないかと思えるほどに、そのアイディアには斬新さがあります。

ナイチンゲール病棟の評価

さて聖トマス病院は、一九六六年になって、その一部を一一階の東棟として建て替えました。さらに一九七六年には敷地の北側に一三階建ておよび五階建ての北棟を完成させました。こうして聖トマス病院は、同時に、敷地内に三つの異なる建築様式を持つ病院として運営されることになったのです。

図21は当時のもので、「南棟」がナイチンゲール病棟です。その東側に「東棟」が、北側に「北棟」が建っています。さらにその北には今はキングス・カレッジ・ロンドンに併合された「ナイチンゲール看護学校」の校舎がありました。

この状態が、病院のあり方に関心を抱いていた北ロンドン工科大学の医療施設研究部門の研究者たちの注目するところとなり、三つの病棟にそれぞれ入院していた患者、および各病

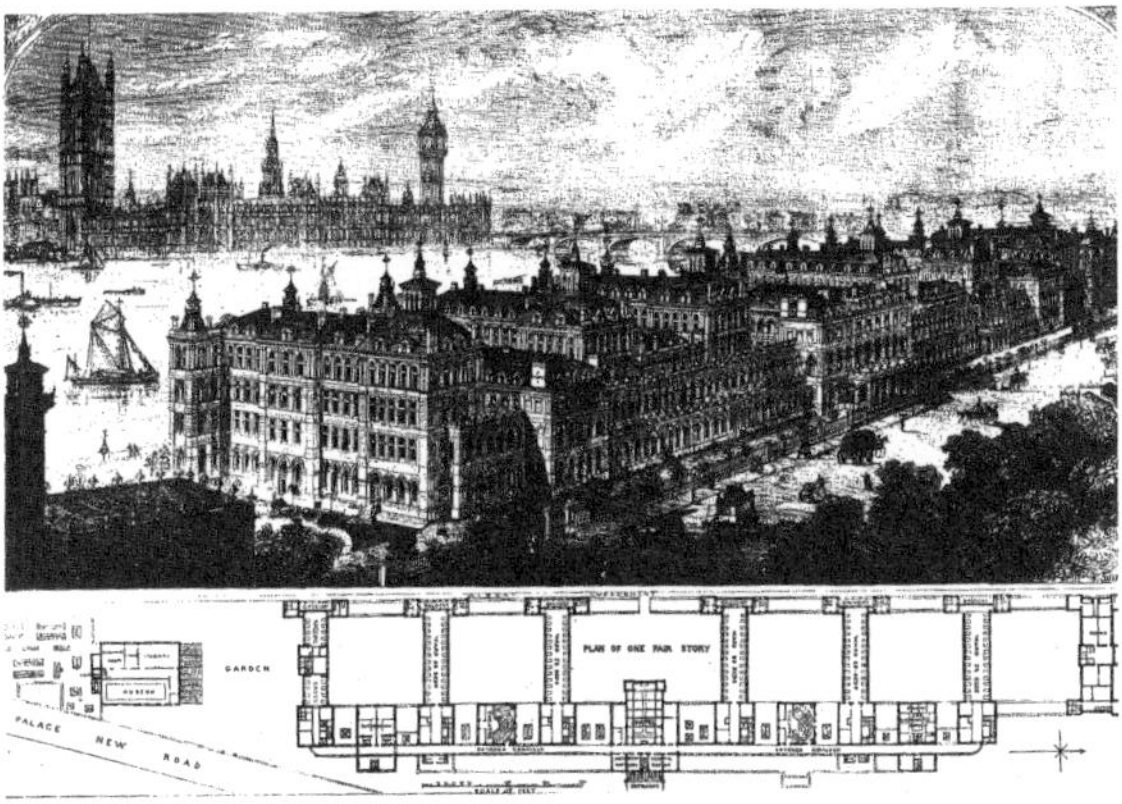

図20　新築された聖トマス病院概観。ナイチンゲール病棟が並んでいる

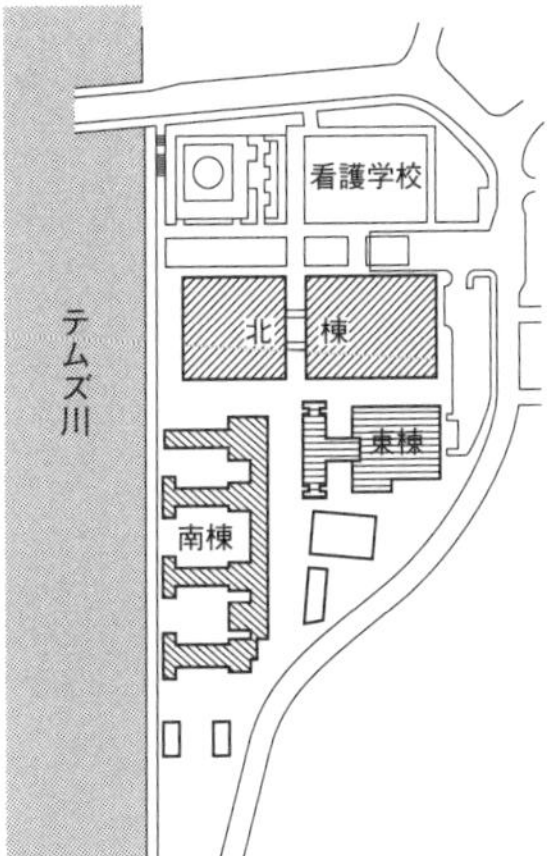

図21　聖トマス病院配置図

棟で働く看護師たち、さらには病棟師長など管理者たちに聞き取り調査が行なわれました。その結果は一九七七年に研究報告書としてまとめられましたが、その報告書は、〝一〇〇年以上前に建てられたナイチンゲール病棟はもう古い〟と決めつけていた病院建築家たちを驚かせるに十分なものでした。調査の結果は、この古いタイプの大部屋には、捨てがたい長所がたくさんあることを証明しましたし、ナイチンゲール病棟はそこで療養する入院患者にはすこぶる評判がよかったからです。

パビリオン式の病院構造を推奨したナイチンゲールの病院に対する考え方は、その後、英国のみならずさまざまな国で取り入れられ、ナイチンゲールの「病院建築家」としての顔は、その道の専門家たちに広く知られるところとなりました。

しかし残念ながら、ナイチンゲール没後一〇〇年にあたる二〇一〇年に、筆者が渡英して確認したところでは、この伝統的なナイチンゲール病棟は、すでに建物だけを残して閉鎖されていました。関係者の話では「大部屋のナイチンゲール病棟では、プライバシーが守れない」「MRSA（メチシリン耐性黄色ブドウ球菌）などの感染症対策には不適切である」というのがその理由だったようです。一九七七年に再評価されたナイチンゲール病棟だっただけに、とても残念な気がしました。

図22　現在の北棟（左）とナイチンゲール病棟（右3棟）

現代の英国病院建築家の見解

しかしこの見解に対して、現代の英国病院建築家の一人、マイク・ナイチンゲール氏（彼はナイチンゲールの家系とは無関係）の意見には、耳を傾けるに値するものがありました。マイク・ナイチンゲール氏には、ナイチンゲールゆかりの地に建つ「クレイドンハウス」でお目にかかりました。その折に、「なぜ、聖トマス病院はナイチンゲール病棟を閉鎖してしまったと思うか？」との私の問いに、マイク氏は「それは現代のファッションだ」と明言されました。そして「今や世界の病院建築は個室化に向かっており、これを提案した建築家の理念が形になっている」「しかし自分は全室個室という病院スタイルがいいとは考えていない」「ナイチンゲール病棟はシンプルで素晴らしいものだ。現代においてもその理念は継承されるべきである」とおっしゃいました。

さらにマイク氏は、続けて次のように自説を語ってくださいました。

「これからの病院建築は、病棟に多機能を備えさせてよいと思う。たとえば、一つの病棟の真ん中には飛行機のビジネスクラスで使われているような〝ベッド・ポッド〟方式のベッドを並べ、必要な時にだけ個人の空間を作り、病棟全体が開放される時間と空間を確保し、その同じ病棟の両サイドには、個室をいくつか設《しつら》えて活用するなど、入院日数の少ない病院の機能を重視した、それでいて療養環境を快適に、安心したものにする構造が考えられてよい」と。

マイク・ナイチンゲール氏は、ナイチンゲールが提案したパビリオン式の病棟構造に魅せられているようです。この構造は感染防止には非常に効果的なので、ＭＲＳＡ対策としては、むしろ残すべきではないかとおっしゃっています。

病院建築に関して言えば、時代はどうもナイチンゲールの指摘からみて、逆向きに流れているような気がしてなりません。換気が容易にできる構造や、入院による患者の安心感を保証する大部屋構造などは、すでに古臭いものとして捨て去られてしまっています。その代わりに大きな窓のついた洒落た構造の病院設計が目立ちますが、安全のためと称して窓が開かない構造になっているのが気になります。

ナイチンゲールが思案して指導した病院建築構造は、その看護理念とともに、そこに展開されるべき病院医療や看護の基本を教えているのですから、この視点をどう継承するかが、現代の私たちに問われている課題であると痛感します。

第六章　ナイチンゲール、〝看護とは何か〟を解く

『看護覚え書』の価値

多くの業績を残したナイチンゲールですが、その中で今日の看護や介護（ケア）の世界に直接的に最も大きな影響を及ぼしているのは、『看護覚え書』という書物の存在です。『看護覚え書』（一八五九）は、多くの一般庶民の間で読まれました。〝社会的身分の低い女性たちによる看護〟という当時の常識からみれば、忌み嫌われていた「看護」という表題が付いた本書が、発売当時にベストセラーになるとは思いも及ばないことでした。

「女性は誰もが看護師なのである」という冒頭の言葉で始まる本書は、現代の私たちが読んでもインパクトがあります。女性は一生のうちに何回かは身内の健康上の責任を負うことになるので、女性たちは誰でも、看護という営みの、あるべき姿を学ぶべきであるとナイチンゲールは考えました。現代では「人間は誰もが看護師である」と書き換えられるでしょう。

そしてその「看護の知識は、専門家のみが身につけうる医学知識とははっきり区別されるも

のである」とも述べています。これほど明確に看護を位置づけた人は、ナイチンゲール以前にはいませんでした。近代科学的看護はこの時点からスタートすることになります。それはまた、看護師という仕事に新たな光が当てられた瞬間でもありました。

『看護覚え書』は第一版から第三版まで続けて出版されています。家庭にあって身内の健康に気を配る女性たちに向けて、どうすれば病気に罹《かか》らないか、またどうすれば病気から恢復《かいふく》させることができるかを説いた本書は、初版本は高価でしたから、発売当初は上中流階級の人びとを中心に広く読まれました。各雑誌には書評も掲載され、著者が有名なナイチンゲールとあって、一大ブームとなりました。

翌年（一八六〇）七月、第二版（改訂版）が出版されましたが、これは看護師や看護学生向けに補章が書き加えられたもので、装丁も美しく読みやすくなっています。ナイチンゲールはこの改訂第二版を完成版としたようです。さらに一八六一年四月に第三版「労働者階級版」を発刊しました。彼女は本書を啓蒙書《けいもうしょ》として位置づけ、より多くの読者に届けようと考えたのです。第三版は第二版のダイジェスト版で、安い価格で販売され、より多くの人びとの手に渡っていきました。

こうして『看護覚え書』は誰でも読める本として流布していきましたが、そのことによって世間における看護の価値や地位は高まっていったのです。本書は英国社会に長い間根づいていた暮らしのあり方に関する社会的偏見と悪しき風習を打ち砕く本にもなりました。

人類史上初の科学的看護論

では、『看護覚え書』とはいったいどのような内容をもつ本なのでしょう。

これは一言でいえば、人類史上初めて〝看護の定義〟が書かれた書物だといっても過言ではありません。それほど価値が高い一冊です。

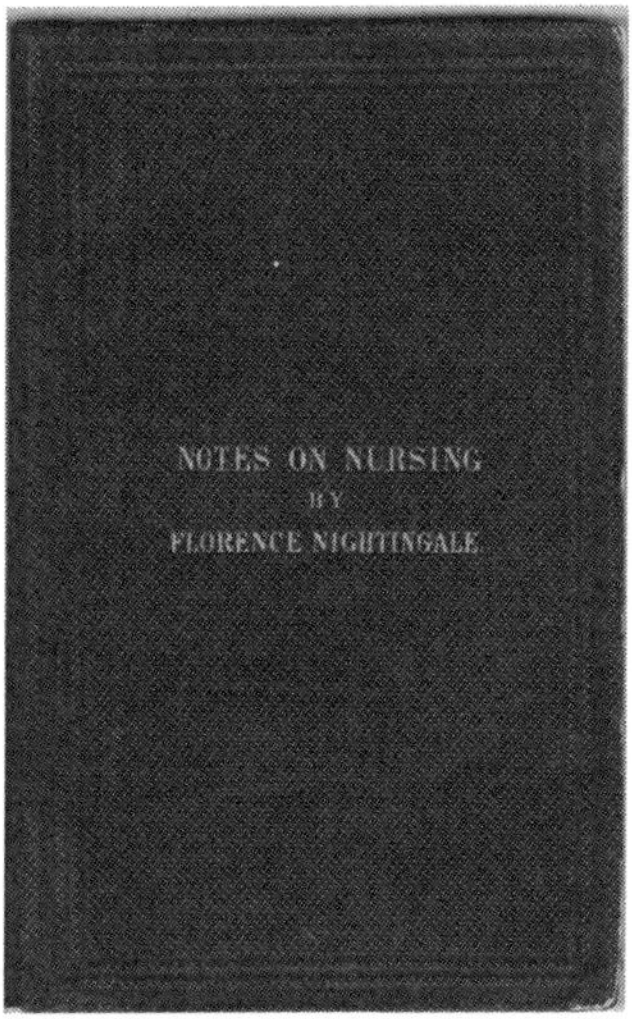

図23 『看護覚え書』初版本、1859

『看護覚え書』のなかで、ナイチンゲールが強調したのは、看護（ケア）の実践を行うにあたっては、〝生命の法則〟・〝自然の法則〟を重視して、根拠に基づく行為をしなければならないということでした。近代科学者としての眼《め》をもち、物事を改善するにあたっては、実態を観察し、分析して、適切な対応をすることを基本に据えていたナイチンゲールです。看護実践を行うに際しても、行為の裏付けとなる〝からだのしくみ〟を理解し、観察と技（art and science）によって適切な方法を駆使していかなければならないと考えたのです。

『看護覚え書』が出版された一八六〇年頃の英国では、ようやく医師法が制定され、近代医学体系が整いつつある時代でした。しかし人々はまだ迷信や占いや言い伝えなどに頼り、現代の私たちからみれば根拠の薄い、手荒な手当てが行われていたのです。人々の日々の暮らしは、基本的には伝統的な様式にしたがって営まれていました。特に病気になった時には、祈禱《きとう》や占いなど超自然的な力にすがったとしても不思議ではありません。

そうした環境にあってナイチンゲールは、看護は信仰や情熱だけでできる仕事ではなく、病気になった時には自然治癒力が体内で働いているのだから、いのちの法則を学び、暮らしのあり方を再検討し、迷信や慣習などに頼らず、自然の回復のシステムの発動を助けるように、『看護覚え書』を通して健康的な暮らし方や、感染防止の基本を学んでほしいと願ったのでした。

『看護覚え書』のコア概念

『看護覚え書』では、〈看護とは何か〉について、その答えをずばり以下のように述べています。

「看護がなすべきこと、それは自然が患者に働きかけるのに最も良い状態に患者を置くことである」

「看護とは、新鮮な空気、陽光、暖かさ、清潔さ、静かさなどを適切に整え、これらを活《い》かして用いること、また食事内容を適切に選択し適切に与えること、こういったことのすべてを患者の生命力の消耗を最小にするように整えることである」

ここにナイチンゲールが説く看護（ケア）の基本概念が明示されています。この文章のコア概念は、「自然が患者に働きかける」と「生命力の消耗を最小にするように整える」です。これらの文章の意味をつかみ取ることができれば、看護（ケア）のあるべき姿や実践の方向性がみえてきます。

この点について説明していきましょう。

〈自然の回復過程を助ける〉のが看護の仕事

ここではまず、ナイチンゲールがいう「自然とは何か」を理解しなければなりません。ここでいう「自然（nature）」とは、私たちの「身体内部の自然」を指しています。もちろん外界の自然も関係してきますが、まずは人間という生物に生まれながらに与えられた「いのちのしくみ」に焦点を当てて考えていきます。

私たちの「いのち」は常に、外界の変化や内部環境の変化に合わせて平衡（バランス）をとろうとしています。気温が高ければ汗をかいて体温を下げ、寒ければ毛穴を塞いで体温を逃がさず、また体に害となるものを食べれば消化管は下痢や嘔吐《おうと》によって排泄《はいせつ》し、ウイルスなどの有害微生物が侵入すれば、免疫細胞たちが集団で闘いを挑んでやっつけます。これら内在する〝自然の力〟を、〈自然治癒力〉とか〈自然の回復のシステム〉とよぶことができますが、体内に宿る諸々《もろもろ》の力は、一時も休むことなく常時、内外の環境に合わせて発動しているのです。そのおかげで、私たちの身体を形成している三七兆個の細胞は常に健康を保ち、たとえ症状・病状が出ても、元の姿に回復していくことを可能にします。ナイチンゲールはこのプロセスを「回復過程（reparative process）」と名付けています。

ケアを提供する人はまず、私たちの体がもつ〝自然の力〟や〝回復のシステム〟を知って、その力が体内で有効かつ強力に発動するように助けなければなりません。そのためには、医師たちのように直接身体内部に治療という形で介入（注射や外科手術など）するのではなく、生活を健康的に整えることによって、体内の治癒力が発動しやすい環境、条件を創るのが看護（ケア）の仕事ということになるのです。これが「自然の法則」や「生命の法則」を重視したナイチンゲールの考え方です。〝からだのしくみ〟や〝いのちのしくみ〟がわからないと、どのようにして生活を整えたり工夫したりすれば良いのか、どのような看護（ケア）が有効なのかを導くことはできません。

例えば、インフルエンザに罹った人へのケアの基本は？

インフルエンザなどの感染症に罹っている人を想像してみてください。インフルエンザウイルスが体内に侵入すると、その人の体内では、免疫細胞たちがフル回転してウイルスに対抗し、除去しようと働き出します。しかし一方では、いつもなら活発に活動している消化器系や運動器系は、その回復のシステムが最大限に機能するのを助けるために、できるだけ自らの活動を活性化させないように抑制をきかせます。このとき症状として自覚するのは、呼吸の促進、発熱、関節痛、食欲不振、倦怠感《けんたいかん》などでしょう。

そのような人を看護（ケア）するにあたっては、まずは患者を酸素を十分に取り込めるように換気を良くした部屋に休ませ、消化の良いものを選び、食べられる時間を観察して提供します。そしてできる限り動き回らないように安静を保たせ、痛みや発熱へのケアを怠りません。さらに話しかける声や周囲の音に留意し、ちょっとした気分転換ができるような工夫をし、眠れるようにベッドを整え、解熱と同時に汗が出たら、シーツや寝巻きを取り替え、身体を拭いて水分を補い、身体が冷えないように暖かくし、体内の回復のシステムの発動を助けます。これがインフルエンザに罹った人への基本的な看護（ケア）です。

逆の環境を考えてみてください。騒がしい部屋、換気の悪い部屋で休み、食事には気を使わず、普段どおりの仕事をして動き廻《まわ》っているとしたら、免疫力は総力を結集して治癒過程に導くことができず、加えて循環器系も消化器系も、すべての臓器が必死になって日常生活を支援するように活動してしまい、体内の回復のシステム全体が適切に働かず、状態は改善されることはありません。むしろさらに悪化してしまうでしょう。

このように看護（ケア）という行為には、その行為の裏付けが必要です。『看護覚え書』を通して、〈看護とは回復過程を助けることである〉と明言したナイチンゲールの考え方は、現代の生命科学の知識を使えば楽に理解することが可能です。

〈生命力の消耗を最小にするケア〉とは？

次に、もう一つのコア概念について説明しましょう。

ここでは「生命力の消耗を最小にする」という言葉の意味を正確に理解することが大切です。これは先に述べた〝いのちのしくみ〟にそってケアをしなければ、体内の自然の回復システムや回復過程が上手《うま》く働かず、途中でその力が妨害されたり、働かなくなったりすることを防止するための視点です。例えば先のインフルエンザで発熱がある場合を考えてみましょう。身体は汗を出して解熱させようとしますが、そのとき汗を吸収した寝衣やシーツ類を取り替えずにいれば、汗が浸みた寝具類によって身体が冷えてしまい、免疫力を下げさせてしまいます。解熱時のケアは、まずは部屋を暖かくすること、寝具類の交換と同時に身体を清拭《せいしき》することです。こうしたケアが不足すれば「生命力は消耗し、回復過程を妨げる」のです。

また、例えば要介護度5の寝たきりに近い方に対して、ほとんど寝かせたままにして、太陽の光もなく、外の新鮮な空気も吸えない閉鎖的な環境においたとしたら、筋力はますます衰え、臓器を作る細胞たちの活性化も起きませんから、変化のない淀《よど》んだ環境はそれ自体が「生命力の消耗」につながります。

このように、ナイチンゲールの看護（ケア）の定義を理解していると、日常のケアのあり方を考えるうえで大いに参考になります。

各論で述べていることは現代人も守るべきこと

『看護覚え書』では、「序章」と「おわりに」の章において、先に述べました看護（ケア）のコア概念が述べられていますが、中間の「第一章」から「第一三章」の中で各論が展開されています。各論の内容は総論と異なり、極めて具体的です。内容を少し紹介しましょう。

第一章のタイトルは「換気と保温」です。この章でナイチンゲールは、看護が第一にしなければならないことは、「患者が呼吸する空気を、患者の身体を冷やすことなく、屋外の空気と同じ清浄さに保つことなのである」と述べています。つまり看護の最重要事項として、「換気」を挙げたのです。そして換気を適切に行うには家屋の構造や窓の構造をも見つめ直し、どの窓とどのドアをどのように開ければ良いか等を教えています。同時に室内の空気を清浄にするには、部屋の清潔も欠かしてはならないと強調します。まさにコロナ禍の今日に力説されたテーマと一致しています。

第二章は「住居の健康」です。「住居の健康を保つためには、五つの基本的な要点がある」として、清浄な空気、清浄な水、効果的な排水、清潔、陽光の五点を挙げています。身体の健康を維持するには、なによりも住まい自体が健康でなければなりません。病気は暗くじめじめした住居、ゴミが山積された住居、また清浄な水が手に入らない住居などから発生します。この指摘は時代が変わっても変わることのない、人間の暮らしにとっての基本で、永遠のテーマとなるでしょう。

第五章の「変化」では、病人には日々の暮らしの中に〝バラエティ＝変化〟がいかに必要であるかについて述べています。健康人がごく普通に得ている日々の「変化」は、病気になると自分の周囲から消えてしまいます。いわゆる〝閉じこもり現象〟が生じるのです。そこで患者の周囲には日々、目に映るものの変化や心地よい音や良い臭いによる刺激、人々との交わりによるコミュニケーションなどを創出することが看護（ケア）となるのです。この章では、「日々の変化」は回復を促す重要な手段であることを教えてくれています。

また視点をかえて、ナイチンゲールは〝新鮮な空気〟〝適切な食物〟そして〝日々の変化〟の三点は、看護者が患者に提供するものとして欠かせないものだと断言しました。なぜならそれらは病気になった患者自らが選んだり、取り入れたり、作ったりすることができないからなのです。ここに看護師の役割と存在意義が見えてきます。生活のお世話をする看護師は、病気や老いや障害を抱えたことによって、自らの力で生活を営めなくなった人々の頭と手足の代行をして、暮らしを整えるという役割を担うのです。

『看護覚え書』の各論では、健康的な日常を送り、また適切な療養生活を送るために不可欠な生活要素について、説得力をもって語りかけています。しかもその教えは決して抽象的ではなく、極めて具体的です。こうして『看護覚え書』は、すべての女性が学ぶべき本として認知され、「一家に一冊、看護覚え書を！」というかけ声とともに、広く世間に広がっていったのです。

日本で読み継がれている改定第二版『看護覚え書』

『看護覚え書』の存在そのものは、おそらく世界の看護師たちは知っているでしょう。しかし残念なことに、現代においてリプリントされているのは初版本のみであり、ナイチンゲールがもっとも力を入れて改訂した第二版をリプリントしている国は多くはありません。その点、日本においては一九六八年に初版本が、そして一九七三年には改訂版（第二版）が現代社から翻訳され、それ以降『看護覚え書』は日本の看護学生たちの必読書として定着しています。筆者が知る限り、改定版をこれほど読み込んでいる国は、日本以外にはありません。

『看護覚え書』は古い時代に書かれた本です。しかしその根底を流れている看護思想は、時代や国を越えて色褪《いろあ》せることなく、看護の真髄を教え、実践のあり方を導く指導書として存在し続けています。

人類が生きて生活を営んでいる限り、〝健康と暮らし〟の問題は切り離せません。さらにこれからはますます超高齢社会になり、看護（ケア）を必要とする人々で溢《あふ》れます。だからこそ、今再び、「一家に一冊、看護覚え書を！」という時代がやってきているように思います。ケアに躓《つまず》いたら『看護覚え書』をひもといてみてください。

図24　1960年代から読み継がれている現代社版の『看護覚え書』

第七章　看護師教育を拓いたナイチンゲール

〝ナイチンゲール基金〟の創設と学校開設の兆し

若い頃、看護師への道を探っていくなかで、自らが納得する教育を受けられなかった体験から、新しい時代を拓《ひら》く教育の必要性を痛感したナイチンゲールは、当時の英国には存在しなかった看護師を育成する道を新たに創ろうと決心していました。

しかしクリミア戦争への従軍という大仕事が舞い込んできたこと、戦争から帰還した直後から、体調不良となってしまった上に、陸軍の衛生改革問題にかかりきりとなり、二種類の「報告書」や『病院覚え書』さらには『看護覚え書』などの執筆に追われ、看護師教育を実現するという夢を、自らの力で具現化することからは遠のいていました。

その一方で、戦争の最中《さなか》、一八五五年の末頃から国民の英雄として知名度を上げたナイチンゲールに対して、その業績を称えた一般国民からの寄付金が集められていました。それを聞いたナイチンゲールは、いつかきっとこの寄付金を看護師訓練学校設立の基金にしたいと考えていました。結局、集まった寄付金は四万五〇〇〇ポンドとも五万ポンドとも言われています。現在の価格では、一ポンドを二万円として換算しますと、およそ九億～一〇億円になります。この寄付金は〝ナイチンゲール基金〟と称され、数名の著名人が名を連ねた審議会が設立されて、そこで管理されるようになりました。ナイチンゲール基金審議会は、協議の末、基金は看護師訓練学校の設立に活用するとの方針を打ち立てたのです。ナイチンゲール自身は病身のうえ、多忙を極めていたため直接この事業には参画できなかったのですが、学校の創設に必要な準備には身を投じると決心しました。審議会の書記はナイチンゲールの従兄《いとこ》であるヘンリー・ボナム・カーター氏が担い、彼は長年にわたってこの職に携わり、ナイチンゲールに協力することを惜しみませんでした。

学校の開設にあたっての最重要課題は、学校をどこに置くかを決めなければならないことでした。訓練を授ける教育現場として〝優れた看護を展開している病院〟を探すことは、極めて困難だったのです。結果として聖トマス病院が選ばれました。聖トマス病院は、ほぼ一〇〇〇年に及ぶ慈善施設としてその名を馳《は》せており、その運営方針は他の病院に比して評価が高かったばかりでなく、ナイチンゲールの教育理念を理解してくれるホイットフィールド医師が住み込み医として働いていましたし、さらに、優れた看護監督者であるウォードローパー夫人の存在が決め手となりました。ナイチンゲールはホイットフィールド医師とウォードローパー夫人と話し合い、聖トマス病院が看護師の養成能力を備えていること、ナイチンゲール基金が学校の運営経費と見習生（probationer）の給与を支払う能力があることを確認しました。それをふまえてナイチンゲールは、学校設立のための具体的な計画作りに協力することにしたのです。

近代看護の夜明け——ナイチンゲール看護師訓練学校の開設

一八六〇年五月、最初の入学志願者を募集する広告が一般新聞に掲載されました。募集は数回にわたって行われました。

募集人員は一五名。開校予定日は六月二四日（実際の開校日には諸説があり、七月九日という説が有力）。募集年齢は二五歳から三五歳までの婦人で、教育期間は一年間と定められました。費用は不要。病院内に賄い付きの宿舎が用意され、お茶、砂糖、洗濯、いくらかの上等の上着等が支給されること。さらに年一〇ポンドが給費されることなどが書かれていました。

これは当時の女性たちからみれば、好待遇の条件でした。貧困層の出身ではなく、一定の教養を身に付け、教育を受けた女性が自立するためには家庭教師の道しかなかった時代です。看護師になるための訓練が受けられるだけでなく、住まいも食事も、そのうえ小遣いまでもらえるのです。自立した職を求める女性たちを、そして勉学意欲が高い女性たちを、さらに人の役に立ちたいと願う女性たちを引き付けたのです。この教育スタイルは後に〝ナイチンゲール方式〟と呼ばれ、全世界に広がっていきました。

ナイチンゲールはこう考えていました。

看護師になる女性たちの質を変えなければならない、そのためには下品な振る舞いはせず、品性があり、看護を自らの使命と考えられる優れた人材が欲しいと。さらに訓練する女性は人間として成熟した者であるべきで、若すぎても老いすぎても不適であると。当時の大半の看護師は酒飲みで、ふしだらで、掃除婦のような仕事しかできない人たちでしたから、看護の地位を高め、社会に認められる職業にするためには、看護師の質を根本的に変革することが必須条件でした。そのため入学を許された見習生たちに厳しい規則を設けて、それに厳格に従うよう求めました。

一八六〇～一八六一年のナイチンゲール基金審議会の報告によれば、入学した見習生の義務として、次の項目が掲げられました。

・酒に酔っていないこと
・正直であること
・うそを言わないこと
・信頼に値すること
・几帳面《きちょうめん》なこと
・静粛かつ秩序正しいこと
・清潔かつ身なり正しいこと

一番目に「酒に酔っていないこと」という条項が明示されているところは、時代を反映しています。患者の病院食には水代わりにビールが提供されていた時代です。アルコールは治療手段の一種と考えられてはいましたが、それほどに病院という場所では「飲酒」は常態となっており、患者も看護師の多くも、個人的に酒を持ち込むことが多く、皆酒に浸っていたのです。その後、一八六七年には見習生の職務は変更され、第一項目は削除されています。追加項目には「時間を守ること」「忍耐強く明るく親切であること」という表示が見られます。

ナイチンゲールは古い時代の看護師を一掃し、新たな時代の看護師を育てて世に出すことを宿願としていたので、この規則の内容は至極もっともな内容でした。しかしこの課題の達成には大きな困難を伴い、医療界を混乱に陥れる可能性がありました。そのためナイチンゲール看護師訓練学校に入学して学び、自らが模範となって社会に看護師の実力とそのあるべき姿を示してくれる卒業生の存在に、期待が寄せられていました。そしてナイチンゲールが描いた教育計画は着実に守られ、実行に移されていったのです。

初期のナイチンゲール看護師訓練学校の形

看護師訓練学校が開校した頃、聖トマス病院はサザークにありました。この建物は一八四二年に建設されたものでしたが、一八六〇年に入るとチャリング・クロス鉄道会社との間で土地交渉が行われ、病院の新しい土地への移転が決定しました。新病院が建設されるまでの間、仮の病院がサリー公園内に建てられました。したがって新病院が完成するまでのほぼ一〇年間、養成はこの小さな病院内で質素な規模で行われたのです。一五名の定員は一〇名に減らされたのですが、第一回卒業生が、求人のあった病院へ「開拓」のために送られると、その評価は高く、その後需要が供給をはるかに上回るようになりました。

ナイチンゲールは卒業生を決して一人で送り出さず、最初からチームを組んで送り出す方

図25　初期の見習生の寝室

式を考えていました。荒れた組織の中に一人投げ出された看護師は、その能力を発揮できないばかりか、ぼろ雑巾のようにこき使われ、やがては力尽きてやめていくでしょう。それを防ぐためには、最初から看護監督や看護師長とスタッフを一つのチームとして送り出せば、たとえそれが小集団であっても、共通目的をもった彼女らはお互いに支えとなり、組織全体を変革していく力になると確信していたからです。さらにナイチンゲールの計画には、そうして送り出した看護師団が赴任先の病院を新たな組織に生まれ変わらせたとき、その病院が看護師訓練学校を創設して、次の世代の看護師を育成することも含まれていました。

さて、一八七一年になるとテームズ川沿いの国会議事堂の真向かいに、新築の聖トマス病院が完成しました。六月二一日正午、ヴィクトリア女王が家族数人を従えてウィンザー城から到着し、新病院の開院を宣言しました。この時からナイチンゲール看護師訓練学校は、新病院を教育の場として新たな教育方針のもと、次のステージを開始したのです。

病院が拡張されたため、入学定員は三〇名前後に増員されました。その頃の志願者は年に一五〇〇名を超えたようですから、いかに学校の評判が良かったかがわかります。聖トマス病院自体の看護業務の質も、優秀な卒業生を雇用したことによって著しく改善されたと記されています。こうして聖トマス病院の看護は、本格的に訓練された看護師によって指揮され、看護の自律というテーマを果たしていくのです。

教育訓練システムの概要

養成教育は、最初はわずかに一年でした。この間に各々の見習生の品行や能力が記録され、毎月ナイチンゲール基金審議会に提出されました。審議会は訓練課程を満足に修了したと認めた者は、一年の終わりに「有資格看護師」として登録し、有資格看護師はさらに聖トマス病院で引き続き一年間の現場訓練が課せられました。ナイチンゲール基金審議会は、満足に勤務した看護師に対しては、彼女たちを能力に応じて二階級に分け、それぞれ五ポンドまたは三ポンドの賜金を与えました。

訓練学校は看護師の養成から、すなわちスタッフ教育から始めたのですが、二年後には「特別見習生訓練制度」が創設されました。これはいわゆる看護管理者養成コースです。このシステムを創設しなかったならば、いつまでたっても看護現場の改革はおぼつかなかったでしょう。管理者には監督者に当たるSuperintendentまたはマトロン（Matron）と、師長格の病棟シスター（Sister）およびホームシスターが含まれていました。病棟での訓練は有能なマトロンの下におかれた病棟シスターによって行われ、ホーム（寮）における学習と生活指導はホームシスターの管轄でした。

見習生からは授業料を取りませんでしたが、特別見習生は入学時に三〇ポンドを支払わなければなりませんでした。管理者になる女性たちは総じて社会的身分が高かったからでしょう。特別見習生の訓練は、一年間の病棟訓練に加えて二年間の看護師としての追加の訓練期間が設けられていました。

ナイチンゲール看護師訓練学校では、見習生たちは病院内に設けられたホーム（寮）で暮らし、厳格に定められた日常の日課に添って訓練を受けていました。ほとんどの時間を病棟の看護業務に携わって過ごしました。まさに見習い看護師なのです。時々医師による医学関連の講義があり、日誌には毎日の出来事を記載することが義務付けられ、ホームシスターに内容を点検してもらうことになっていました。また貴重な事例を担当した場合には、経過などを克明に記録し、医師の点検を受けました。

訓練当初の技術到達項目は、現代の看護基礎教育の内容と似通ったものでした。つまり、医療処置への基本技術、ベッドメーキングや衣服の着脱、清拭《せいしき》、食事介助、体位変換などの基礎看護技術、患者の観察法などです。時代が変化しても変化しない訓練内容がここに示されています。現代に生きる看護師たちは時代の要請に従いつつも、あるべき看護の基本を守り通してきたと言えます。

教科書の指定と人格形成教育

初期の看護師訓練学校の悩みは、適切な教科書がないということでした。骨格標本が一つと古い医学書が数冊のみという状況から始められました。住み込み医師のホイットフィールド氏から、症例についてノートをとるよう指示が出され、丁寧に指導がなされたことが記録として残っています。しかし新病院が建築されて移転した後の一八七〇年代になると、教育内容は一新します。新体制では教科書が作成されました。その中で「指定図書」が示されています。基礎領域の指定図書を覗《のぞ》いてみますと、第一にナイチンゲール著『看護覚え書』第二版（一八六〇）が挙げられています。しかも第一五章から読むよう章の順番までが指定され、少なくとも四回は繰り返して読むようにと指示されています。第一五章は「看護師とは何か」というテーマですから、学校の意図が見えてきます。医学書としてはクロフト医師が作成した「講義録」が使われ、「看護師や婦長のためのハンドブック」「包帯法」「簡単な外科法と手当て」などが指定されていました。見習生たちはホームにおいて医師やホームシスターの講義を受け、繰り返し症例レポートを書いて点検され、年に数回の筆記試験や実施試験を受けるという厳しい学習に堪えていました。時には顕微鏡を用いた授業もありました。

一八七〇年代の半ばになると、教育内容が充実してきていることが伺えます。

またナイチンゲールの教育方針の大きな柱のひとつに、訓練生の人格形成にも心を砕くという課題がありましたから、寮という住まいの中でホームシスターや住み込み医師から、生活の仕方についての細かな指導を受けていました。見習生一人ひとりの身だしなみや挙措動作などが点検され、外出時の注意点にまで目が光っていました。

世間では卒業生たちのことを〝ナイチンゲール〟と呼びました。〝ナイチンゲール〟たちは誇りをもって学んだ内容を伝える伝道者となり、世界の看護を変革していく原動力となっていったのでした。

世界に足跡を残した〝ナイチンゲール〟たち

一八六〇年に看護師訓練学校が開校してから四年の間に、三名が看護監督に、四名が看護師長に、そして一名がホームシスターになったという記録があります。こうして育った人々は他の病院からの求人に合わせて、次々とスタッフ看護師たちとチームを組んで巣立っていきました。

その中の一人に、アグネス・ジョーンズというレディ監督者がいました。彼女は貴族出身者なので監督の前にレディという言葉が付けられています。アグネスはナイチンゲールが期待した優れた看護師で、リヴァプールにある一〇〇〇床以上のベッド数を持つ救貧院病院に派遣されました。病院はそれまで手が付けられないほど荒れ狂っていたのですが、アグネス率いる看護団が任務につくと、瞬く間に規律ある集団に変化し、ナイチンゲールの再来とまで言われました。看護の素晴らしさとその実力を世の中に示したのです。アグネスは感染症に罹患《りかん》して殉職してしまうのですが、ナイチンゲールはアグネスを追悼して「ユナとライオ

図26　ウォードローパー校長と看護師たち（1870年代）

ン」という文章を発表しました。ライオンように獰猛《どうもう》だった患者たちを、ユナ姫に例えたアグネスが見事に懐柔してその関係は穏やかなものになったという筋書きでした。

こうしてナイチンゲール看護師訓練学校の卒業生たちは、要請に応じてさまざまな病院・施設に赴いて力を発揮しました。一八八二年までに彼女たちが看護監督者や看護師長として活躍した施設は、英国の十数カ所の主要病院や看護師協会に及びました。そしてこれら多くの施設に多数の看護師が、看護師団を構成して供給されるようになると、次第に洗練された看護体制が英国中の病院に浸透していったのです。

さらに〝ナイチンゲール〟たちは、多くの英国の植民地や、スウェーデン、ドイツ、アメリカにも渡り、看護監督や看護師長となってその国の看護の質を変革していきました。これらの施設では、直接ナイチンゲールの指導や助言を受けながら、自前の看護師訓練学校を設立し、次世代の看護師を育て、施設の組織改革を行っていったのです。

こうしてナイチンゲールがクリミア戦争から帰還後に開拓した教育制度の流れは、現在までも受け継がれています。

日本におけるナイチンゲール方式の教育

〝ナイチンゲール〟たちが伝えた〝ナイチンゲール方式〟の教育スタイルは、日本の明治時代における初期看護教育にも影響を与えています。日本の看護教育は一八八〇年代後半に、四校の看護学校の設立からスタートしました。そのうちの三校は、イギリスやアメリカでナイチンゲール方式のもとで訓練を受けた三人の看護師たちによって開始され、その後の日本の看護教育制度に大きな影響を与えました。初期の三校は、以下のとおりです。

一．東京慈恵会医科大学の創始者、高木《たかき》兼寛《かねひろ》によって一八八五年に開校された慈恵看護専門学校。

宣教師として来日したメアリー・リードによって看護教育がスタートしています。リード

図27　アグネス・ヴェッチを囲んだ見習生たち（明治21年）

はアメリカでナイチンゲール方式による訓練を受けていました。また高木兼寛は聖トマス医学校に留学してナイチンゲール病棟を熟知していましたから、慈恵看護学校における教育は、初期からその理念や教育体制にナイチンゲール方式が色濃く反映されています。

二、同志社の創設者、新島襄《にいじまじょう》によって一八八六年に設立された京都看病婦学校。

教育に当たったのはリンダ・リチャーズです。リチャーズはアメリカで初の本格的訓練を受けた看護師で、日本を去った後、アメリカの看護界をリードした経歴を持っています。京都看病婦学校は開校後二〇年で閉校となりましたが、今日では同志社女子大学看護学部としてその理念が継承されているようです。

三．東京帝国大学医学部が一八八七年に開校した附属看護学校。官立の看護学校としては初めての試みでした。東大は当時桜井女学校の英語教師として滞日していたアグネス・ヴェッチを招聘《しょうへい》し、病院で働いていた者と桜井女学校の生徒たちを合わせて入学させて教育を開始しました。アグネス・ヴェッチは英国の王立エジンバラ看護学校の卒業生です。東大看護学校は二〇〇二年に閉校となっています。

海外からやってきた〝ナイチンゲール〟たち三名が介入して開始された我が国の看護教育ですが、彼女たちの来日目的がキリスト教の伝道が主であったため、看護の理念としてのナイチンゲール思想や病院看護改革のエネルギーは日本全体にはほとんど伝承されませんでした。その代わりナイチンゲール方式の看護教育制度が、教育の原型として影響を与えました。それは給費制であること、全寮制のもとに病院で訓練を受けること、そして実習を重んじた徒弟制度的な教育方法です。この方式は長く我が国の看護教育制度として存続したのです。

英国では、二〇一三年からすべての看護学校が大学教育に移行しました。修業年数は三年間ですが、教育課程四六〇〇時間のうち二三〇〇時間を実習に割き、相変わらず実務者教育を重視しています。実践を重んじるこの教育理念は、ナイチンゲールの時代から看護教育の根本を貫いているようにみえます。

日本の看護教育は、今ようやく古い形態から脱皮し、大学教育の中で〝科学的看護実践〟を目指して再構築の最中にあります。それに伴い、次第に実践重視の形が崩れていくのが気になるところですが、古き良き時代の理念と実践形態を忘れずに、時代が変わっても変わらない看護の真髄を失わないでほしいと思います。

第八章　病院看護組織と看護師の働き方改革

看護師は病人に害を与えてはならない

『病院覚え書』の冒頭で、「病院は病人に害を与えないことである」と言ったナイチンゲールですが、病人に与える害の種類は数多くあります。『病院覚え書』では、主に病院の構造が感染症の温床になると指摘して、病院建築の理想的な設計図について触れています。しかし〝患者への害〟という視点で考えた場合、看護師たちの立ち居振る舞いや言葉遣いなども、患者の神経を消耗させるという意味で、大きな害になるのです。つまり、病院の構造が不適切で院内感染を引き起こすようであれば、それ自体が患者にとって害となりますが、一方で看護師の対応が患者の神経を逆なでしたり、不安や恐れを抱かせるものであれば、それはまた患者に害を与えて生命力を消耗させ、回復への道のりを阻害してしまう要因となります。

ナイチンゲールの指摘は、第六章で述べた看護の原則に基づいたものであることがわかります。

そもそもナイチンゲールは、誰にでもできる仕事、卑しい仕事と思われていた看護を、一つの専門職業として独立させようと考え、看護師訓練学校を創設したのでした。看護という営みには、高邁《こうまい》な理念や価値があると確信していたからです。

しかし、看護を専門職業として成立させるためには、まずは当時の病院における看護組織のあり方を根本的に変革する必要がありました。さらに看護師の働き方や彼女たちの処遇問題にも手をつけなければなりません。それまで国内外にある多くの病院の運営の仕方や、看護師の仕事のありようを見て、徹底的に研究してきたナイチンゲールです。どのような形態が理想的であるかを、絶えず思考し、あるべき姿を想い描いていたに違いありません。看護師が患者に害を与えるようなことがないようにと願い、看護師訓練学校の設立が成るや否や、ナイチンゲールは一気に改革案を提示しました。

看護部門の独立と自立

看護職が専門職業として社会的に認知されるためには、職業の社会的地位の確保と看護師たちの働き方とその質、さらには看護行為の価値が問われます。そのためには職業訓練を受けた看護師たちが、自らの力で看護協会などの組織を設立することに加え、自らが属する集団やチームの中で、自立した働きをして、客観的に実践の社会的価値を評価してもらう必要があります。そうでないかぎり、その職業の真の独立はあり得ません。ナイチンゲールが当時もっとも声を大にして叫んだのは、この問題でした。当時の貧民看護師たちの実践力は低く、彼女たちは看護師以外の人々によって組織的に支配されていたからです。

「私がいいたいのは、救貧院病院の財政上の問題や一般監督および全体的管理などの責任は、当局あるいは委員会、すなわちその当局ないし委員会の責任者である管理担当者、つまり院長に帰属させよということであり、看護や内部管理や看護師の規律などに関する全責任は、その名称がなんであるにせよ看護スタッフのひとりの女性の長に帰属させよということである」

ナイチンゲールが述べたこの文章からは、当時の救貧院病院の院長は医師ではなく救貧委員会関係者であったことがわかります。英国は日本のように、病院長は医師であるという国ではなかったのです。医師は、医師として本来の職務を果たすべきであり、病院管理の総責任者となるべきではないというのが、ナイチンゲールの考え方でした。ナイチンゲールは看護師という職業が独立するためには、病院の管理当局の支配下から脱して、新たに看護監督者のもとに、看護に関するすべての責任を負うことのできる組織を創らなければならないと断じたのでした。ここから〝看護組織の近代化〟が始まりました。看護師は全員、看護監督者の元に結集し、自らの長によって管理・運営されなければならないという方向性が示されたのです。ナイチンゲールの看護組織改革の主軸はここにありました。これ以降、世界の看護組織は病院の内部において、執行部に対して独立した責任母体となるように努力して今日に至っています。

しかし残念ながら現在の日本においては、ほとんどの病院の長は医師であり、医師がすべての部門を統括していますし、私立病院の場合は、医師自身が経営者であり雇用主です。そのような病院組織の中では、看護師は非雇用者ですから、看護部門には独立した権限が付与されていないところが多々存在します。看護部が組織の中で看護に関する独立した決定権を把持していない場合は、看護の本来の理念を形として実現させることは困難になります。

ナイチンゲールの時代にあっては、病院の運営は上流階級の人々が出資して行うか、公的資金によって運営するかのどちらかでしたから、組織改革は比較的容易だったはずです。

看護管理者に求められるもの

次に、看護組織のリーダーたちに求められるものを、ナイチンゲールの言葉から明らかにしていきます。

❶看護監督者の存在感

ナイチンゲールは、病院看護部組織の中での看護監督者の役割について、次のように述べています。

「そこにいるすべての女性に対して権威と規律をもっている人が訓練された看護監督である。彼女は病院のマトロンであり、また病院中で最も優れた看護師でもある。彼女は自分の部下の看護師たちに対して、こうなってほしい、訓練によってこのような看護師になってほしいという、まさにその模範であり指導者である」

英国における〝マトロン〟(matron)という言葉は、女性集団の長を意味し、女性監督者のことを指しています。英国では古くから総師長や看護部長のことを、親しみを込めてマトロンと呼び習わしてきました。

その看護監督者は病院中で最も優れた看護師であるという指摘は、時代と国を問わず、本質的なものです。看護監督者は看護師のモデルです。看護監督者が看護そのものを知らなくては、あるいは自ら看護であるものを部下に示せなければ、部下は育ちようがありません。

その意味で、〝看護とは何か〟というテーマとその実践の姿は、臨床の第一線を担う看護監督者たちを通して、次の世代に継承されていくものなのです。

❷病棟シスター（看護師長）の役割と看護の質

次に考えなければならないことは、看護師長の役割についてです。

「全体の状況に対して鍵として働くのは、病棟シスターである。というのは訓練されたマトロンは彼女をとおしてはじめて、病院中の看護師や見習生や病棟のメイドそして患者に影響を与えることができるからである」

シスターという表現も英国においては独特のものです。シスターという言葉はカトリックの修道尼に使われる単語ですが、この頃の病院では宗教に関係なく、病棟を管理する女性たちをシスターと呼び習わしていました。

ナイチンゲールの指摘を待つまでもなく、病棟シスター（看護師長）こそが病院における要の存在であることは言うまでもありません。看護師長の力量が、その病棟や看護の質を決定していく大きな要因となるのです。つまり看護師長は、看護監督者と同じ看護の視点を保有し、看護監督者の次に看護であるものを最もよく知っている者で、かつ看護そのものを具体的に実現する者ということになります。

病棟で、生き生きと看護が展開されるためには、いくつかの要因が必要ですが、そのなかで何にもまして大事なこと、それは〝看護とは何か〟を本当にわかっている看護師長が存在すること、言い換えれば、すばらしい管理者を得てはじめて病棟は本当の姿を実現することができるのです。

このことは、スタッフや看護学生たちの立場に立ってみれば即座に答えが出てきます。スタッフが「精神と勇気と仕事とを持ちこたえるには、つまり看護師としての完全さを目ざすためには、看護師たちは必ず自分より優れている上長の下に置かれなければならない」からであり、優れた看護師長のもとで仕事をした人は、その人自身が次の優れた管理者となって、自分に与えられた部下たちを育てていくことができるからです。

要するに看護の世界には〝ありたい姿〟をイメージできる先輩ナースの生きた存在が必要なのです。

さらに看護師長の役割を次のようにも表現することが可能です。

「優れた看護スタッフはいろいろと不利な条件下にあっても、多かれ少なかれ満足できるように自分たちの職務を果たすであろう。しかしその一方で彼女たちの長は、副次的な作業から彼女たちを解放して、彼女たちがもっぱら病人の世話に時間を投入できるよう環境を改善することに常時心をくだいているはずである」

つまり、看護師長というのはスタッフが本来の看護に専心できるように、働く環境や看護を取り巻く環境を整備していくことも、その仕事の内だということです。まさに管理者にとっての看護管理とは、スタッフが《看護できるように手筈《てはず》を整えること》と言えそうです。

看護師は、一人ですべての責任を背負って仕事をすることはありません。看護はそこにいるすべての看護師によって、〝看護の視点〟を共有しながらなされるものです。そして、なされた看護が〝真の看護であるよう〟に、皆で見きわめていかなければならないのです。すべては〝何が看護で何が看護でないか〟を知るところから始まります。

合理的で効率のよい組織の形成

ナイチンゲールは看護組織の独立を願っていましたが、同時にその組織が効率よく運営され、合理的（経済的）に管理されていなければならないと考えていました。

ナイチンゲールによれば、一人の看護監督者は五〇〇人から一〇〇〇人の病人の責任を負って仕事ができるはずであると計算しました。しかし一個病棟の最適人数、つまり一人の病棟師長の責任範囲は三〇名であると言っています。つまり近代的病院看護部門の組織は、一人の看護監督者の下に十数名から数十名の看護師長が並び、それぞれの看護師長の下にスタッフが配置されることになります。スタッフの中には看護助手も含まれていました。この提案は現代の病院看護部では実現しています。問題は、一病棟の患者数とスタッフの人数でしょう。管理運営上の観点から割り出された人数で運営されていくことが望まれます。

組織図が明確になったとして、次に思考しなければならないことは、施設・設備の完備というテーマです。ナイチンゲールは次のように述べています。

「ある種の便利な病棟用設備は、優れた看護師の時間を節約するために必要な機械力の一部として必須である」

ナイチンゲールが考えた当時の便利な病棟設備とは、例えばエレベーターや給湯設備、またはナースコールといったものでした。では二一世紀の今日の病棟ではどんな設備が整っているでしょうか？　そして近未来の病棟はどうなっているでしょうか？　患者の基本情報や看護師が書く記録はすべてコンピューターによって管理され、看護ロボットが看護師の手足となって働いているかもしれません。近未来では優れた看護師はどのような看護を提供しているでしょう？

さて、病棟構造のあり方については第五章で紹介しましたが、看護師の動きに無駄がないように、そして動線が長くなりすぎないように、設計段階で考慮しなければなりません。さらに働く側の問題として、ナイチンゲールは次のように述べています。

「看護師たちが自分の機能をしかるべく果たすためにゆったりとした空間がなければ、救貧院病院に最も有能な看護組織を送り込んだところで何もならない」

例えば、ベッドとベッドの間隔が狭く、患者のケアがしづらいようでは良いケアは提供できませんし、看護師の休憩室や仮眠室などの設備が整っていなければ、これまた良いケアは実現しません。患者に良い看護を行うための環境づくりは、翻って看護師にとっても最適な環境となるのです。

看護師の健康を守るための体制づくり

ナイチンゲールは看護師の働き方改革についても触れています。

看護師の健康を守るためにはどのような条件が必要かという課題を明確にしたのです。働く者の健康を阻害しない条件を創り出すことに、その組織の長がいかに配慮しているかというテーマは、近代労働史の視点からみても見逃すことはできません。長時間労働や劣悪な労働環境が、労働者の健康を蝕《むしば》むというのは、この時代から現代まで引き継がれてきており、未だ完全な解決が見られていないテーマです。

ナイチンゲールは次のように述べています。

「労働者を雇用する者はすべて、働く人の健康のために備えをする義務がある。そして病人に必要なものは備えると公言し、看護師や医師の生命が、彼らの義務を果たす途上で犠牲にされても当然であるとする生き方で病人の面倒をみているような社会は、どんな社会であっても、もはやそれだけでその社会は病人の世話に備えることを使命としていないということを立証しているのである」

これがナイチンゲール精神なのです。ナイチンゲールは「犠牲」という言葉を好みませんでした。彼女は《自分の仕事に誇りを持て》とは言いましたが、決して《自らの命を投げ出して働く》ことを良しとしませんでした。

さらに後年、弟子たちに向けた手紙のなかでは次の点を強調しています。

「仕事には熱心に打ち込みなさい。さらに、戸外の運動や与えられた休暇でさえも、それを熱心に楽しみなさい。私はこれを、特に将来マトロンやシスターになる人たちに言いたいのです。それは私たちが目標に達するためには、肉体の健康を保つこともまた真剣に考えるべき問題であるからです」

このように、ナイチンゲールは看護師たちの働き方の方向を示し、彼女たちの健康を守り育てることを大事にしました。この二つのテーマは、良い看護を行うためには、そして看護職が社会の中で自立し、その存在感を示すためには、どうしても欠かせない事柄だったからです。

第九章　助産師養成計画とその挫折をバネに

日本の助産の歴史概観

人類が誕生して以来、出産は女性にとっては大仕事です。どこの国においても出産を補助する女性たちが存在しています。本章ではまず、日本において助産師たちがどのような名称で呼ばれていたのか、そして彼女たちはどのような役割を持っていたのか、さらに助産師の社会的地位などについて触れていきます。

女性は誰の手助けがなくても、自力で子を産むことはできますが、経験豊かな人が傍らにいて援助してくれれば心強いものです。昔は助産の役割を果たす人のことを〝取上げ婆《ばば》〟と呼びました。取上げ婆は出産に関しては特別な教育を受けていませんでした。出産経験を持つ手の器用な村の老婆が取上げ婆となりました。取上げ婆は子どもや村にとってはなくてはならない重要な存在でしたが、出産には出血が伴うことから〝穢《けが》れに触れる者〟と考えられて賤《いや》しい仕事のひとつでした。現在ではこうした考え方自体が間違ったものであると理解できますが、人々は〝穢れ〟は火を通して伝染すると信じており、出産は住まいとは異なる小屋や別棟で行われていたのです。また取上げ婆は、出産の手助けだけでなく、堕胎や間引きにも関わっていました。今日のように避妊の考え方や方法が普及していませんでしたから、明治初期の頃まで、堕胎に関する刑罰規定もありませんでした。出産や堕胎は妊婦の生命に係わる重大事態ですが、この頃は医師が出産に携わるということもなかったのです。

江戸時代の後半にはドイツ医学を基本とした〝産婆〟教育が開始され、この頃から取上げ婆は〝産婆〟という名称で呼ばれるようになりました。その後、産婆規則が制定されたり、養成所が開設されるなど、徐々に教育を受けた産婆が世に出るようになります。

産婆が法律によって一職業として規定されるようになるのは、日本が第二次世界大戦で敗北を喫したことと無縁ではありません。連合国最高司令官総本部（GHQ）の公衆衛生福祉部組織に看護課が設置されると、新たな日本の看護制度改革案が提出され、一九四八年に「保健婦助産婦看護婦法」が制定されました。この法律に基づいて産婆は〝助産婦〟として世に出ていきました。保健婦と助産婦はともに看護婦資格を保有する者に授与され、助産婦の立場が明確になったのです。しかしそれまでの伝統的な産婆による〝自宅分娩《ぶんべん》〟は制限されてしまい、出産に係わる者は助産婦から医師に交代となり、出産のほとんどが病院などの医療施設で行われるようになっていきました。その後、二〇〇二年に法律改正が行われて、助産婦は現在のように〝助産師〟と呼ばれるようになりました。保健師や看護師には男性が多く参入している今日ですが、日本で助産師になることができるのは女性のみとなっています。

英国における助産事情

次に英国の助産事情をみてみましょう。英国においても日本と同様に、大半のお産は教育されていない女性たちによって行われていました。中には教育を受けた女性や、腕が良くて有名になった女性もいたようですが、それは例外でしょう。そして日本と同様に、出産には迷信や占いや祈禱《きとう》が付きものでした。

一七世紀の初頭には、助産師（midwife）の組織は助産鉗子《かんし》で名を馳《は》せている一家のピーター・チェンバレン医師の助力を得て、助産師教育制度の創設や宗教に関係のない制度を作るよう運動を起こし、時の王様に勅許状を求めて嘆願書を出しました。しかしながらその嘆願書は外科医たちによる反対に遭って成就しなかったようです。外科医たちの中には、助産事業は儲《もう》かると考え始める者も出現しています。

一八世紀になると、医師たちが儲けのために普通分娩を専門に手がけるようになり、助産に携わる女性たちは減退していきました。この頃には男性助産師（man-midwife）が出現し始めています。こうした事態は、仕事として助産を行っていた女性たちに影響を与え、助産の仕事は魅力がないものと映るようになりました。一方で、助産事業は産業の振興や人口の増加に伴い、社会における緊急を要する課題となっていきます。

産業革命が成功すると、国全体に工業化の流れが生まれますが、工業化の進展はそれまでの伝統的な家庭内労働の形態を変化させていきました。つまり家内労働をしていた女性たちの仕事が奪われていったのです。女性たちは家庭に縛られ、たとえ美容師のような女性的な仕事であっても、それらは男性に引き渡されていったのでした。

助産事業や助産師を取り巻く状況は、我が国とは大きく異なることがわかります。英国でも助産の仕事をする女性たちの存在がなくなったわけではありませんが、そこに男性助産師が存在したこと、加えて男性の医師たちが大きく関与していたという点が特徴です。

こうした社会情勢と風土の中で、一九世紀になると高い教育を受け、家庭の外に出て仕事を持って生きる少数の女性たちが、看護や助産という分野の改革運動を立ち上げる原動力となりました。ナイチンゲールもそのうちの一人です。

ナイチンゲールの決意

クリミア戦争に従軍する前のナイチンゲールは、英国の助産師に対して、次のような意見を持っていました。

「裕福な女性は十分な資格のある女性を見つけることができずに男性に手当てをしてもらうほかなく、貧しい女性は十分な資格のある男性に謝礼を払うことができないので、資格のない女性に頼むしかない」

「女性は誰でも、自分のお産の場合、それから自分と自分の子供たちに特有の病気の場合は、女性による手当てを受けたいと思っているのですが、それをする女性がいない、あるいはほとんどいないのです。助産師たちはあまりにも無知であるため、その呼び名はほとんど軽蔑語となっています」

英国の助産師は、ナイチンゲールが改革する以前の看護師と同様に、社会的な身分は低く、何ら社会的保証もなく、蔑まれていた職業でした。そこでナイチンゲールは、人の誕生の傍らにあって、分娩を手助けするのは男性ではなく〝訓練を受けた実力のある産科医なみの助産師〟であって欲しいと願ったのです。

ナイチンゲールの想いは、一八六一年に実現します。ロンドンのキングス・カレッジ病院の産科病棟を整備し、そこに助産師訓練学校を設立したのです。訓練生として二六歳〜三五歳までの信頼できる人柄の女性たちを地区の教区から選別して、当初は六カ月間の訓練を受けさせることで、病院あるいは自宅で分娩する女性たちに質の高い助産技術を提供することを目的としていました。この発想は、前年（一八六〇年）に設立したナイチンゲール看護師訓練学校にかける彼女の想いと同様に、長年温めていたものです。それは自立を目指す女性たちのために、新たな職業としての〝助産師〟という専門職を確立する英国初の試みでした。ナイチンゲールは親しい友人の女性小説家に、助産師学校について次のような文章を書き送っています。

「わが国を除いてほとんどの国には、助産師のための国立学校があります。この学校が、長年にわたって英国には欠けていた道を拓《ひら》く端緒となると信じています」

この時点でナイチンゲールは、本来の助産師というものは困難事例を含むあらゆる事例に対処できるべきで、就業年限はヨーロッパ大陸と同様に、少なくとも二年以上でなければならないという考えを抱いていたようです。このように助産師養成の青写真は、ナイチンゲールの内ではヨーロッパ大陸をモデルにして出来上がっていました。

開設後、しばらくは順調に経過したのですが、病棟に産褥熱《さんじょくねつ》が蔓延《まんえん》したために、学校は一八六七年（正確な年月日は不明、諸説あり）にやむなく閉鎖するに至りました。わずか六年という短い期間でした。

産褥熱という感染症を巡る医師たちの見解

産褥熱は、分娩二四時間から産褥一〇日目以内に発症し、二日以上にわたる三八℃以上の発熱や下腹部痛、悪臭をともなう悪露《おろ》、子宮収縮不良などの症状を呈する感染症です。産褥熱は現代では明らかに感染症として認知されていて、抗菌薬の治療でたやすく治癒するのですが、一九世紀半ばにはまだ「感染」という概念は確立しておらず、科学的根拠はあいまいでした。当時の治療の場である病院は不衛生な状態で感染対策は一切なく、治療薬もありませんでした。産褥熱は明らかに医療者の手指を通して、また病棟や病室の不潔な環境によって引き起こされたものですが、権威ある医師たちはこれを全く認めようとしませんでした。

ところが当時、感染説を打ち出した医師がいました。それはハンガリーの産科医イグナーツ・ゼンメルワイス（一八一八〜一八六五）です。彼は一八五〇年代に産褥熱は接触感染であるとの見解を発表し、徹底した手洗いや器具の消毒を提案しました。しかし当時の医学界の権威者からは完全に否定されたのです。なぜならこの説が正しければ、医師たちは皆、殺人者になってしまうからです。当時は手術にしても病理解剖にしても、素手で行うのが常識で、医師には手を洗う習慣すらなかったのですから、ゼンメルワイスの見解は正しかったのです。しかし彼が学会で発表するやいなや、激しい反発にあいました。彼の説を実践した病院では産褥熱の発生率が著しく減少したにもかかわらず、彼は大学を追い出され、産科学会からも無視され、失意のうちに精神を病んで生涯を終えたのです。何とも痛ましく理不尽な出来事です。

病に苦しんでいたゼンメルワイスは、ルイ・パスツール（一八二二〜一八九五）が一八六三年に発表した論文「腐敗の研究」については知るよしもありませんでしたが、同時代に生きた外科開業医であったジョセフ・リスター（一八二七〜一九一二）は、パスツールの論文に影響されて、石炭酸で微生物は消えるという発見をしました。当初、学会はこの発表も無視しましたが、この状況を打破したのはロベルト・コッホ（一八四三〜一九一〇）でした。コッホは一八七七年に炭疽菌《たんそきん》を発見し、病原菌の存在を誰の目にも見えるようにした功労者です。そのことによって、感染の実態が浮き彫りにされ、リスターの考えは認められることになりました。以後、消毒法、滅菌法、滅菌物の使用による感染予防は医学の常識となり、今日に至っています。

そのような時代にあって、ナイチンゲールも当初は「細菌説」ではなく、当時主流をなしていた「瘴気説《しょうきせつ》」をとっていましたが、一八八二年にコッホがコレラ菌を発見すると、彼女はあっさりと瘴気説を捨てました。その後は看護師訓練学校でも細菌説と消毒実践を取り入れたカリキュラムが組まれています。科学的根拠が明確であれば、それに従うという姿勢は科学者そのものです。

分娩時の死亡率を下げるための提言

さて、ナイチンゲールは一八六七年の助産師訓練学校の閉鎖は止むを得ないと考えましたが、なぜそれほど多くの産褥熱罹患《りかん》患者を生んだのか、その原因を調査しようと思い、実習病院であったキングス・カレッジ病院産科棟の六年間の死亡者について調査を開始しました。結果、この病院では七八〇人の妊婦が分娩し、二六人が死亡していると述べています。死亡率は一〇〇〇人中三三・三人です。それゆえ「この嘆かわしい状況では、この病棟が閉鎖されたのは当然のこと」と認めたのです。そして「状況が変われば我々の助産師訓練学校を再開することが妥当かどうかについて、真摯な態度で検討してきた」と述べており、この時点では学校再開の意志があったことが読み取れます。

ナイチンゲールには、問題の本質を見極めるためには、まず事実を正確に把握し、原因を明確にし、そのうえで解決策を考えるという思考の特徴が備わっていました。この思考ゆえに、彼女は助産師訓練学校が閉鎖に追いやられた社会背景を徹底的に調査したのです。ヨーロッパ中の資料を収集し、どの国の産科病棟の死亡率が高いか、その原因は何かについて考察していきました。そしてある事実に気づくのです。それは家庭分娩における死亡率の方が、施設での分娩による死亡率よりはるかに低いということでした。その事実から、病院という施設が感染の温床になっているという結論を導いたのです。

ナイチンゲールは、産科病棟における産褥婦の死亡率の高さは、一般患者との雑居という事実のせいばかりでなく、建物の構造等に由来するという仮説を抱き、その実例をいくつか挙げています。【図28】は死亡率が高かったパリの産院の間取り図です。廊下を挟んで病室が並び、採光も換気も好ましくない環境にあります。ナイチンゲールは、このように同じ屋根の下に多数の産褥婦が集められている密集した病棟構造を最も嫌ったのです。

さらにナイチンゲールは、当初助産師教育のために用意されたキングス・カレッジ病院の産科病棟の構造を紹介して、この設計がいかに問題であるかについても述べています。

この病院【図29】の最大の欠点は、死後解剖室（検死所・F）の位置が悪く、そこからの

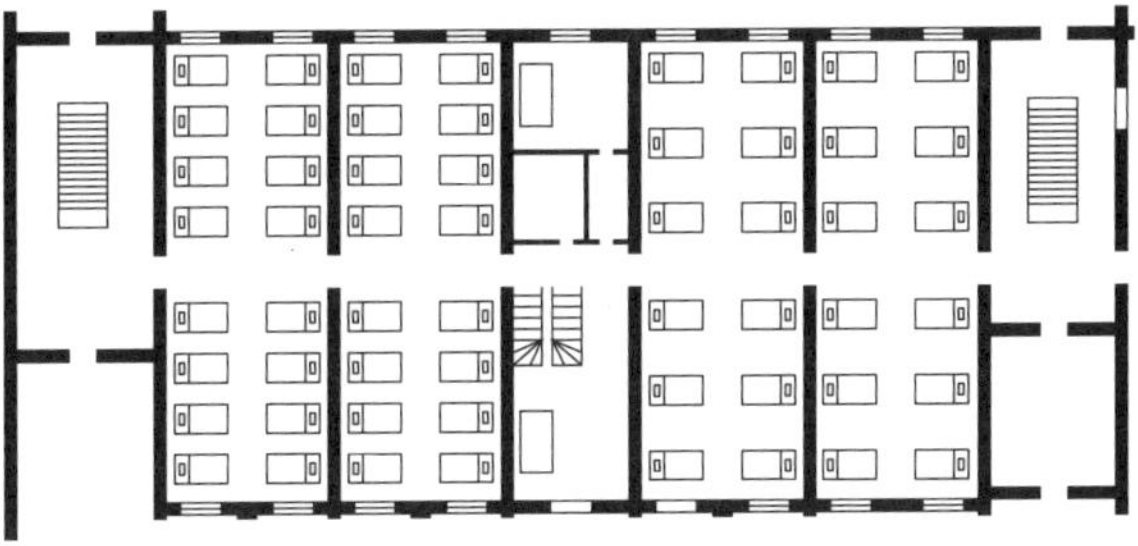

図28　パリの産院

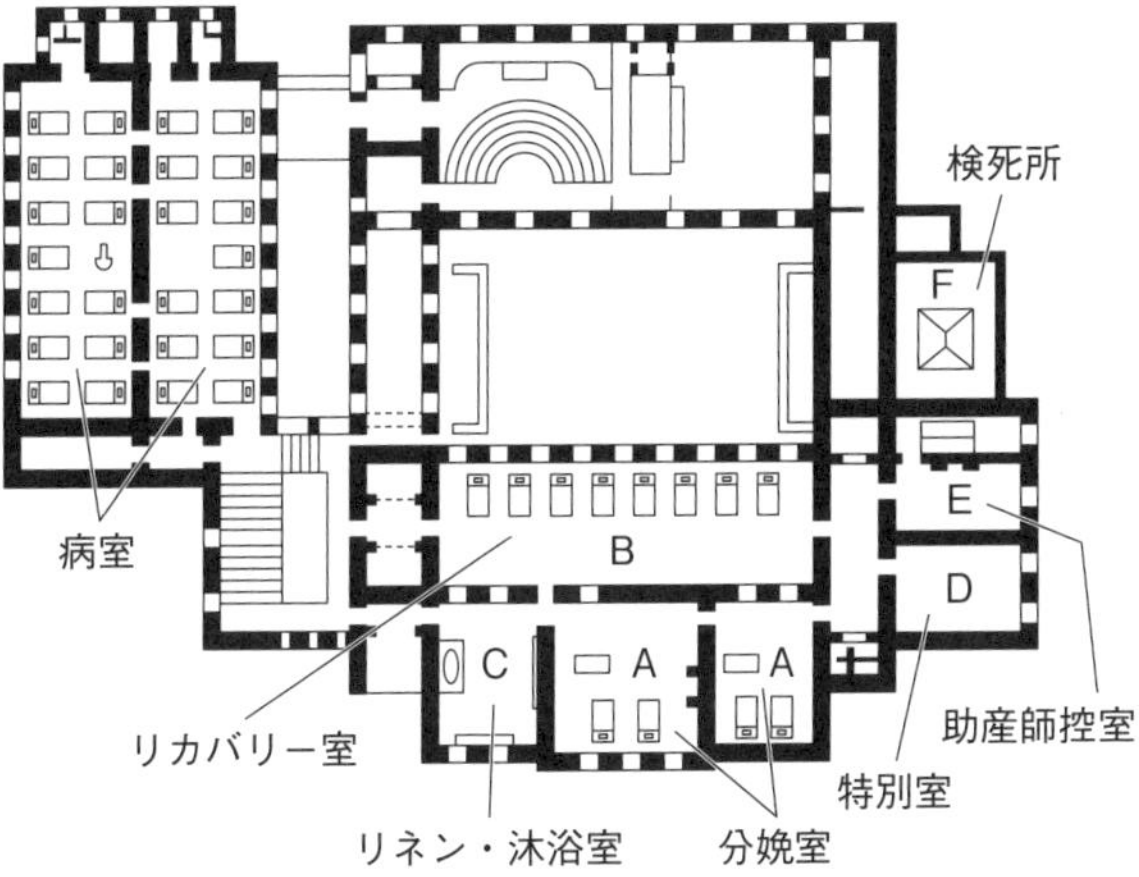

図29　キングス・カレッジ病院の産科病棟・4階の平面図

臭気が、各居室内ではっきりとそれとわかってしまう構造である点です。医師たちは産褥熱で死亡した患者の検死を素手で行い、その後病室に入って診療をしていたのですから、感染が蔓延するのは避けられない事実だったのです。

そこでナイチンゲールは、理想の病棟の設計案【図30】を提示しました。それは各病室がそれぞれ独立しており、個人の家庭のような作りになっています。こうすれば空気の流通も良く、安心してお産ができるというわけです。

助産師教育への夢

ナイチンゲールは助産師（midwife）と助産看護師（midwifery nurse）とは別々の資格であると認識していました。以下はナイチンゲールの見解です。

「私は、助産師とは、科学的かつ臨床的な訓練を受けて、必要に応じて相談を得ることを条件に、あらゆる産科医と同様、正常異常を問わずあらゆる分娩例に対処できる女性のことを指す。このような訓練を二年以内でほどこすことは無理であろう。

助産看護師とは、正常分娩であればあらゆるケースに対処でき、また異常な症例の場合には産科医を呼ばねばならないことをわきまえているように訓練された女性を指す。六カ月の

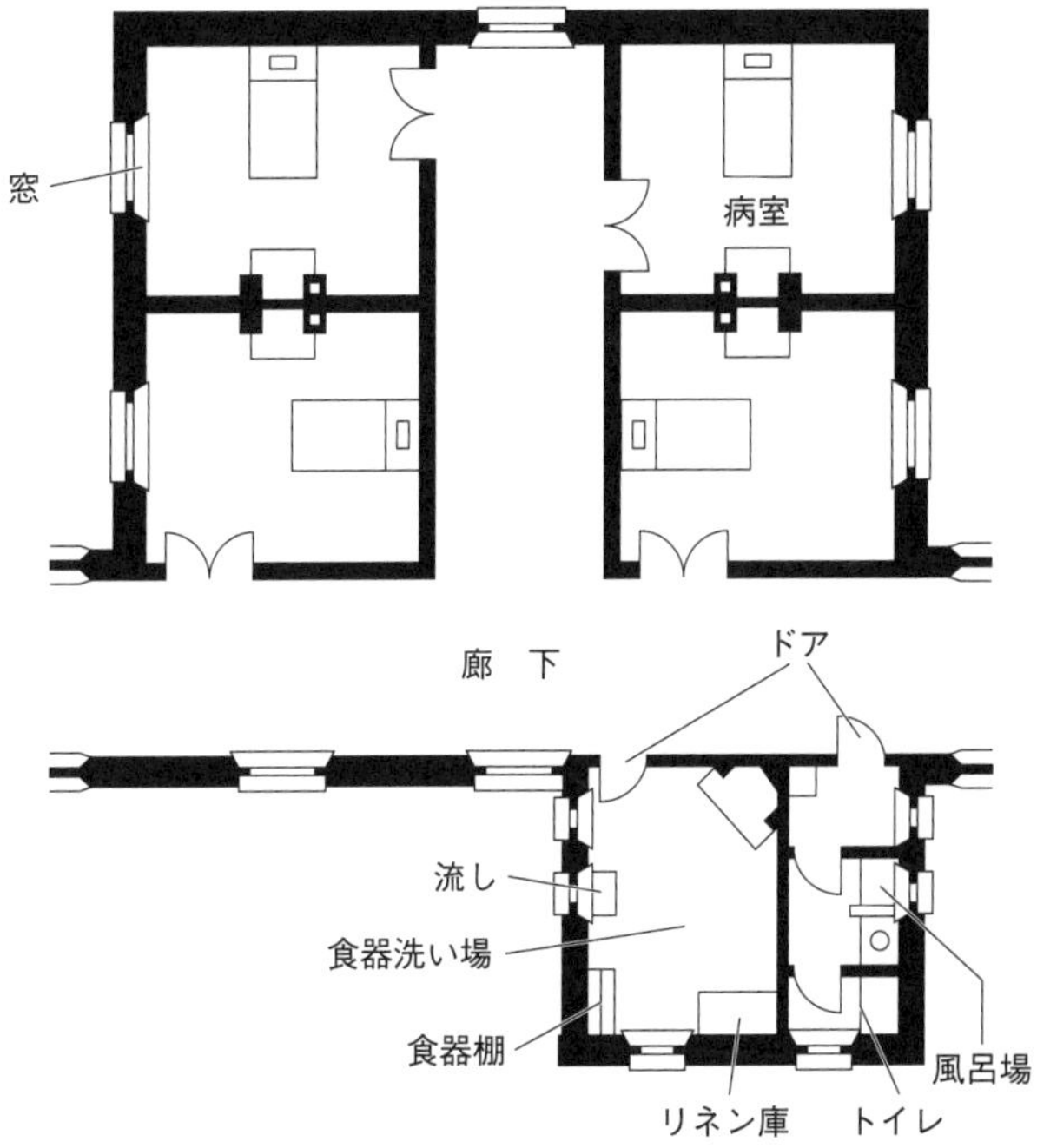

図30　理想病棟の設計図

訓練では、女性を助産看護師以上に育てるのは無理であろう」

これがナイチンゲールの助産師に対する見解だったのです。この時代、かなり先鋭的な考え方をしていますが、ナイチンゲールの内には鮮明な青写真がすでにあったと思われます。上記のモデルは、すでにヨーロッパ大陸においては実現していたと書かれています。

「私たちは、これがヨーロッパ大陸において、衛生学の実践を除いては（これは情けない欠陥です）実現されているのを知っています。また大陸には、わが国の、あるいは他のどの国の際立った産科医とも比肩し得る女性の教授たちが、この助産学の分野に居るのです」

ナイチンゲールはこうした一定のモデルを見据えて、助産師教育制度を考案していたのが分かります。残念ながらナイチンゲールの助産師学校再開の夢は、ナイチンゲールが生きている間に実現することはありませんでした。

しかしながら、ナイチンゲールが助産師を看護師と切り離して別々に教育する必要性を説き、新たに助産師教育システムを生み出したこの流れは、英国をはじめとして、今日まで多くの国で受け入れられています。ただし我が国の助産師教育は英国とは異なり、看護師資格の上に一年追加した教育によって育てられていますから、助産師の社会的独立という課題や、臨床における助産業務には相違が見られても不思議ではありません。

第一〇章　地域看護師養成事業と公衆衛生看護制度のめばえ

地域看護のスタート地点――リヴァプール

英国の北西部に貿易港として栄えたリヴァプールという街があります。一九世紀のリヴァプールは、ロンドンに次ぐ都市として繁栄しました。しかしその陰で、飢饉《ききん》と独立運動によって疲弊したアイルランドから、多くの避難民が流れ込み、彼らは繁栄した街の暗部を形成し、劣悪な環境の中で悲惨な生活を送っていました。

この街にウィリアム・ラスボーンという資産家がいました。慈善家であり、また政治家でもあった彼は、一八五九年に病身の妻を亡くしましたが、この時、妻はメアリー・ロビンソンという優秀な看護師によって看病され、満足のいく死を迎えることができました。ラスボーンはこの事実を評価し、リヴァプールの街に溢《あふ》れる貧しい人々の家に暮らす病人にも、質の高い看護師を派遣することを考えました。そこでメアリー・ロビンソンによる訪問看護が一定期間試みられたのです。するとその効果は予想以上に大きく、貧しい病人は生命を救われ、健康を取り戻していきました。さらにロビンソンは家を清潔にすることや換気の大切さなどを教えました。その結果、病人を抱える貧しい家は家庭の崩壊を免れ、酒に溺れていた夫らは酒をやめて勤勉さを取り戻すという好結果を生み出しました。

この成功を見たラスボーンは、さらに訪問看護事業を拡大しようと考えましたが、どうしても質の高い看護師を見つけることができませんでした。そこで彼は当時ロンドンに開設されていた〝ナイチンゲール看護師訓練学校〟に看護師の派遣を要請したのでした。しかし残念なことに、その時には訓練を受けた看護師を得ることはできませんでした。そのためラスボーンは、ナイチンゲールに直接相談して、この事業への協力を要請したのです。これがナイチンゲールとラスボーンとの最初の出逢《であ》いでした。

ナイチンゲールの協力と関与

ナイチンゲールは一八六一年にラスボーンからの手紙を受け取っています。若い頃から貧しい人々の暮らしを立て直し、彼らの健康を支える仕事につきたいと願っていたナイチンゲールです。彼女はラスボーンからの要請を受け入れ、地域看護師創設事業への関与を惜しみませんでした。

ラスボーンはナイチンゲールの助言に基づいて、リヴァプールの王立病院を運営する管理者たちに話を持ちかけ、王立リヴァプール病院に〝看護師訓練学校と寄宿舎〟を設立する計画を進めました。これこそがナイチンゲール方式です。つまり優秀な看護師が必要ならば自前で養成するという考え方です。この学校は一八六二年に一年間の訓練期間を定めて開設されました。他の訓練学校と異なる点は、地域看護師と病院看護師、それに個人（private）看護師の三種類の看護師を同時に訓練することにありました。質の良い地域看護師や個人看護師を育成するには、まずは病院での訓練が不可欠であるという理念に基づいてのスタートでした。当時は王立リヴァプール病院にも優秀な看護師が必要とされていましたから、卒業生たちは訓練が終了すると、各々の希望にそって各領域に派遣されていきました。

リヴァプール看護師訓練学校のもう一つの特徴は、訓練生と訓練を終えて雇用されている看護師のための寄宿舎が造られたことです。ナイチンゲールは、看護師にとって、特に地域で働く看護師には賄い付きの住まいが必須条件であると考えていました。疲れて帰ってきた看護師たちが暖かい家でケアを受けることは、良い看護を提供するうえで重要なことだと考えたからです。ロンドンのナイチンゲール看護師訓練学校の宿舎は病院内に用意されましたが、リヴァプールでは最初から独立した寄宿舎が建設されたのです。

リヴァプール看護師訓練学校の運営が軌道にのった一八六五年、運営委員会のメンバーによって出版された『大都会における看護組織――病院・地域・個人看護師を育成するためのリヴァプール看護師訓練学校の創設、進展、運営に関する報告――』と題する報告書には、ナイチンゲールが事業の成果を讃《たた》えて感想文を寄せていることが確認できます。彼女はその中で、この事業が英国中に広がっていくことを願っていると書いています。それはナイチンゲールにとっての新しい夢でした。

英国の地域看護制度の特徴

その後の英国の地域看護事業は、引き続きラスボーンとナイチンゲールとの交流の中で生まれ、形づくられていきました。地域看護は英語ではDistrict Nursingと呼ばれています。Districtは地区・地域を意味する言葉です。つまり英国では独自に設けた地域ごとに一定数の地域看護師を配置する制度を作り上げたのです。さらに各地域は二つ以上の地区に分割されていました。

本稿では英国式に彼女らを〝地域看護師〟と名づけて話を進めます。しかし英国の〝地域看護師〟(District Nurse)は、今日の日本で私たちが接する訪問看護師とは異なっています。

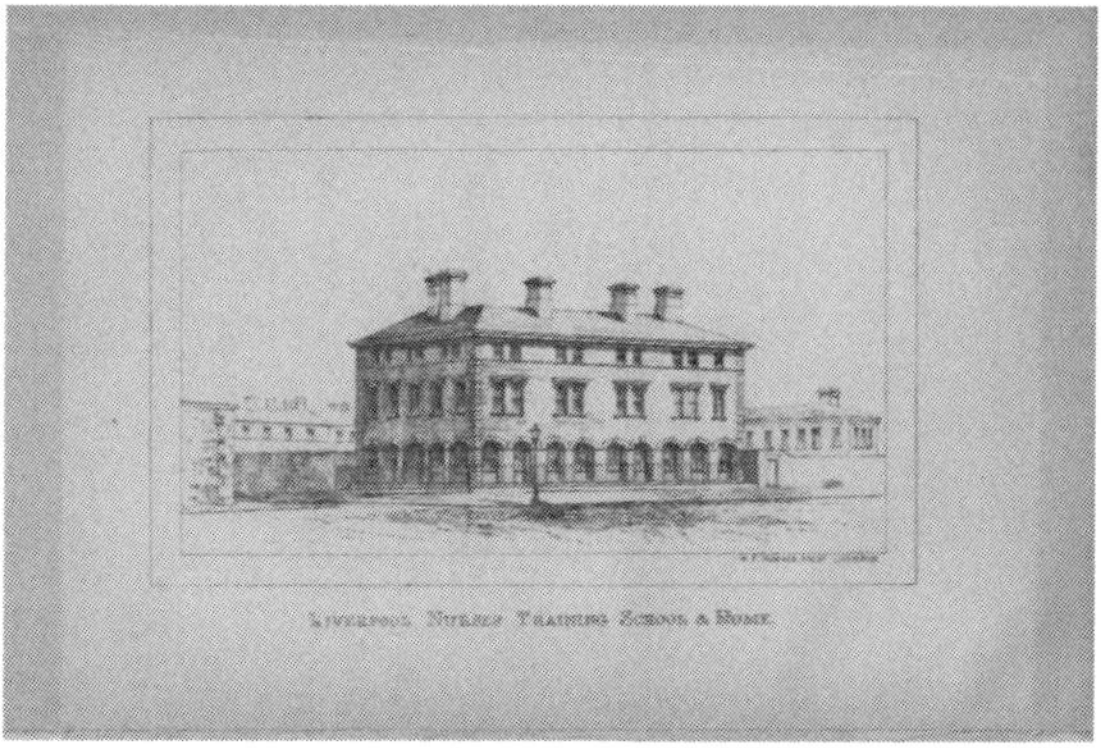

図31　リヴァプール看護師養成学校と宿舎

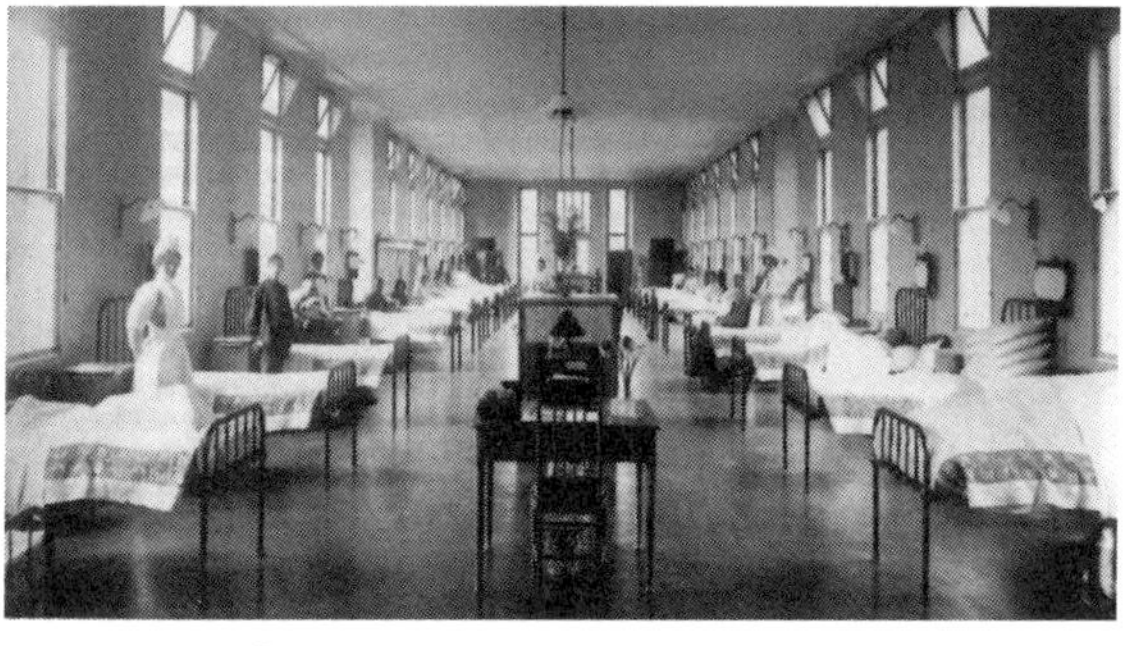

図32　リヴァプール王立病院の新病棟：ナイチンゲール病棟

基本的に制度と役割が全く違うのです。地域看護師は文字通り〝地域〟に配置され、その地域に暮らす人々の健康を見守り、相談を受け、看護を行い、行政とつながった仕事をする看護師です。日本のように病人、老人、障害者、さらにその家族などから依頼を受けて、介護保険適用の範囲で家々を個別に訪問し、直接必要なケアを行う訪問看護制度とは区別して考えるべきです。

リヴァプールは当時一八の地域に分割され、それぞれが二つ以上のキリスト教教区を含んでいました。一地域の住民は平均二万四九二九人でした。英国のこの仕組みはその後、〝公衆衛生看護〟に繋《つな》がっていきますし、現在の国民保健サービス法（ＮＨＳ）、つまり国営の医療サービス体制の土台となっていきます。

一八八〇年代になると、リヴァプール王立病院が古くなって新築の話が持ち上がりました。この時の責任者はナイチンゲールに相談して、十分な陽光と換気ができる《ナイチンゲール病棟》を建設しています（図32）。また、訓練学校で学んだ卒業生たちは一九三三年に「同窓会」を作って連携し合い、その活動は二〇一九年に幕を閉じるまで存続してきたという情報を目にしました。リヴァプールにおける看護活動は、長い歴史を刻んで地域に根付き、今日の保健医療を支えているのです。

ナイチンゲール、世論に訴える

ロンドンにおいても貧困者の病人をその家庭において看護する慈善協会がいくつかありましたが、ナイチンゲールはロンドンだけでなく全国に地域看護の組織を設立するための仕掛けづくりを進めました。そして当時国会議員だったウィリアム・ラスボーンが片腕となり、「首都圏ならびに全国看護協会」を設立させたのです。一八七五年のことです。日本で訪問看護制度が国レベルで発足したのは二〇〇〇年ですから、何とそれに先立つこと一二五年も前のことでした。

一八七六年、ナイチンゲールは地域看護師の必要性とその役割について、「タイムズ」紙に持論を述べて世論に訴え、国民に地域看護師養成のための基金協力を呼びかけました。「タイムズ」紙に掲載された懇願状から、ナイチンゲールの主張を探っていきます。

ナイチンゲールはまず、リヴァプールにおける地域看護事業の成功を述べてから、その改革運動は「看護師が生活できる真のホームを準備することから始められた」と述べています。現実の家庭がもっていると思われるものはすべてそろっていることが、ナイチンゲールが要求するホームの姿でした。またホームにおいては何不自由なく生活ができるだけでなく、ホームの看護監督者によって必要な訓練や教育も行われ、適切なレクリエーションや休息も与えられるのです。つまり「どのような階層でも、よい母親がみな自分の娘を、たとえどんなに魅力的で教養の高い娘であっても、喜んで住まわせたいと思うようなホーム」が必要だとナイチンゲールは訴えています。単に建物を造れば良いというのではありません。ホームこそ看護師たちの総合訓練所だったのです。

これが地域看護組織のあり方に関するナイチンゲールの第一の指摘でした。看護師たちが良いホームに住めば、彼女たちは家庭とは何かを実感でき、それが貧しい患者の家庭を作り替えたり、再生させたりする活動のエネルギーとなるのです。しかしそのためには莫大《ばくだい》な資金が要るのだと懇願したのでした。

ナイチンゲールの地域看護師像

では、ナイチンゲールが描いていた地域看護師像とはいったいどのようなものだったのでしょう。

第一に、地域看護師はまず〝看護〟をすべきであると言います。当たり前のように聞こえますが、当時においてはここが肝心です。看護師はコックでもなければ、救済官でも、地区巡視員でも、雑貨屋でも、代書屋でも、食料調達官でも、医薬品屋でもないと強調しています。この指摘は慈善事業を想起させる内容ですが、ナイチンゲールは、看護師は慈善事業家でも社会事業家でもないと断言します。地域看護師はあくまでも看護師であるべきで、まずは看護をすることが第一義的使命だと諭したのです。

さらに地域看護師には医師が常に傍らにいるわけではなく、地域という場は病院の環境とは異なるので、地域看護師は病院看護師よりもさらに高度な学習を積み重ねなければならないと書いています。看護師の病気に対する知識と観察力と実践力が患者と家族を救うのです。

第二に、地域看護師は貧しい病人の部屋を、病気から回復することを可能にする場所に変えていくべきであると指摘します。かつてナイチンゲールは「病院は患者に害を与えてはならない」と言って、病院環境の改善を訴えましたが、地域看護のばあいは、家庭を病気からの回復に相応《ふさわ》しい場所に変えていかなければならないと考えていたのです。「病人を看護すると同様に、部屋にも手を入れ、家族に部屋を整える方法を教える」ことが必要なのです。家庭を丸ごと看護する、これがナイチンゲールの考え方の第二点目でした。

第三に、地域看護師は病人だけでは解決できない衛生上の欠陥を、保健官や関係当局へ通報しなければならないと言います。これによって「一〇〇年ものあいだ、手つかずに放置されていたようなごみ箱は空にされ、水がめは清潔にされ、給水や排水は調べられ修理される」という状況を生み出すのです。これはまさに公衆衛生活動そのものです。ナイチンゲールが描いていた地域看護は、現代日本の「保健師活動」であり「公衆衛生活動」と重なります。

実際、英国ではこの延長線上に公衆衛生看護活動が発展していきます。

地域看護師の訓練システム

ナイチンゲールが描いた地域看護師養成のアウトラインは以下のとおりです。

一．地域の仕事に一カ月の実習
二．病院看護に一年間の訓練
三．地域看護に三カ月から六カ月の訓練

病院看護があらゆる看護実践の土台にあるということがわかります。

さらにホームには、訓練・指導をする看護監督官が置かれて、具体的な指導がなされていきます。ナイチンゲールはひとつのホームには限定された数の看護師しか入居できないと言っています。入居できる人数を増やせば、彼女たちの中には仕事場から遠くなりすぎる者が出てきてしまうからです。そして「どのホームも熟練した監督官と、四名以上の訓練された看護師と、一人または二人のコックとお手伝いが必要である」と言って、地域看護師が自分たちのために料理や掃除や洗濯をすることがないように配慮したのです。〝地域看護師は貧しい病人の召使い〟であるというのが、ナイチンゲールの一貫した信念でした。

加えてナイチンゲールは、もしある施設が採算がとれるようにしようと思えば、どうしても「富める者」を対象に看護を提供することになるので、協会は常に「神が与えるシステム」（The Provident Dispensary System）の立場で、もっぱら貧しい人のためだけに熟練看護師を提供することを手がけていると書いています。なんと素晴らしい発想でしょう。この発想が英国の地域看護や公衆衛生看護活動を支え、国営化する方向へと進めさせたのだと思います。

ナイチンゲールからのメッセージ

一八七六年に「タイムズ」紙に掲載されたナイチンゲールの記事のなかには、現代の私たちを驚かせる文章が載っています。

「看護協会の目標は、《在宅の貧しい病人に、これまで経験したことのない第一級の看護を贈る》ことである」

〝第一級の看護を贈る〟とは、なんと高邁《こうまい》な理念でしょう。この言葉のなかにナイチンゲールをはじめとする関係者の心根がみえてきます。そしてここに英国の地域看護実践の方向性が明らかにされ、この方向を向いて看護師たちが活動したのだと納得がいくのです。リーダーたちの気高い理念に触れた看護師たちは、心を震わせ、志を高く保ち、誇りをもって活動したに違いありません。

さらにナイチンゲールは「病人を家庭で看護することの意義」についても述べています。

「病院というものは、あくまでも文明の途中のひとつの段階を示しているにすぎない。現在のところ病院は、貧しい病人が看護を受けうる唯一の場所である。……（中略）……しかし究極の目的は、すべての病人を家庭で看護することである」

重い言葉です。しかし同時に新鮮な言葉です。

ナイチンゲールが一九世紀英国から世界に向けて発したこの言葉こそ、現代の私たちが傾聴しなければならないものです。病院がひとつの役割を終えて、地域包括システムが大半の人々を支える時代が来るまで、あとどのくらいの時が必要なのでしょう。少しずつ近づいている気配はありますが、それまで目標を見失わず、システムを更新し、必要な人に第一級のケアが届くように、社会が整備されていくことを望みます。

第一一章　福祉国家への布石

一九世紀英国の貧困階層の実態

　これまでナイチンゲールが手掛けた数々の業績について、そのアウトラインを述べてきましたが、彼女の理念の根底には〝貧しさゆえに社会から取り残され、体制や組織の下敷きになって苦しんでいる人々〟に健康的な暮らしを届けたいという思いが渦巻いていました。その対象は労働者だったり、家庭の主婦だったり、子どもや老人だったり、あるいは軍組織に所属する兵士たちだったりとさまざまでしたが、彼らはすべて社会の最下層に属しており、自らの力では貧困から逃れられない宿命にある人々でした。ナイチンゲール思想の根幹を知ろうと思えば、まずは英国社会の〝構造的貧困〟というテーマを解く必要があります。

　英国における体系的な貧困対策を調べてみますと、一六〇一年のエリザベス救貧法にまで遡《さかのぼ》ることになります。これは一六世紀に創設された諸救貧政策を集大成したものでした。救貧の対象は〝貧民〟です。この貧民をどのようにとらえるかというテーマは、救貧の核心部分となりますが、英国社会のなかで〝貧民〟という存在は、これ以前にも、またこれ以降にも、〝社会悪〟として位置づけられてきました。その貧民は長期にわたって二つのタイプに分けられています。一つは働く能力のある貧民、もう一つは働く能力のない貧民です。両者の性格は大きく異なるにもかかわらず、貧しさという共通項のために混同され、いつも同じ扱いを受けてきました。

そして一九世紀に入るとますます貧困は個人の問題であり、劣勢の人間としての罰によって貧民に成り下がったのだという見方をするようになります。こうなると貧困は代々引き継がれて、社会的な解決方法がないままに、差別と蔑みのある格差社会が根強く続くしか道はありません。特に問題となるのは、働く能力のない老人や病人、障害者や子どもたちが完全に無視されていたことです。自らの力では生きていけない人々に対して、当時の社会は何の手立ても講じていませんでした。

下層階層といっても、その中はさらに上から下まで階層が分かれていました。彼らはそれぞれが手にする賃金の額に合わせた生活を送っていたのです。一般的に貧民には特別な地域があてがわれていましたが、食べるものも手に入らず、寝るところを失った人々は〝救貧院〟に入るしか手はありませんでした。しかしそこは牢獄《ろうごく》よりひどい場所として怖れられ、どん底に暮らす人々は、働ける体力が少しでもあれば、またほんの少しでも貯えがあるうちは、決して救貧法のお世話にはなろうとしませんでした。

図33　ブルアリー橋から安アパート街の屋根越しにセント・ポール大聖堂を望む

ナイチンゲールによる救貧院の実態調査

ここに再びウィリアム・ラスボーンが登場します。リヴァプールで地域看護師制度を立ち上げたラスボーンは、同時にリヴァプールの救貧院改革に着手する決心をしていました。一八六四年一月に再度、ナイチンゲールに救貧院改革への援助を求める依頼をしたのです。彼の依頼内容は、リヴァプールの救貧院病院に訓練された看護師団を送ってほしいというものでした。この依頼は救貧院の実態をもっと詳しく知りたいというナイチンゲールの関心を高めました。結果、彼女は本格的な調査に乗り出したのです。

ちょうどその年（一八六四年）、ティモシー・ダリーという男が、ホルボーン救貧院で死亡したという記事が新聞に掲載されました。その死因は不潔な環境が原因であると記されていたのです。これを機に、ナイチンゲールはロンドンにおける救貧院とそれに付属している救貧院病院の実態を調査するよう手筈《てはず》を整えました。時の救貧法委員会の委員長のチャールズ・ヴァリヤーズ氏に承認を得て、自ら作成した〝調査紙〟をロンドンにある救貧院四〇カ所に配布したのです。調査紙が送付されたのは、一八六五年二月のことでした。

結果はすさまじいものでした。

「救貧院全体に病人が混在しているというのがふつうだった。もっとも危険な感染性熱病の

図34　救貧院の様子

患者でさえも、ほかの病人と同じ病室に収容されていた」

「ケンジントンとパディントンでは、いく人かの病人が自分たちの室内便器で物を洗っているのが見られた」

「あるロンドンの救貧院を訪れたが、そこでは貧民が床の上で眠っていたし、ほかの救貧院では四〇人の少女たちが一三のベッドを分け合っていた」

「タオルの支給状態は、もっとひどかった。パディントンでは二四人ないし三一人の収容者に一本のタオルが支給されていた」

「梅毒の婦人病室で八人の収容者が一週間に一本のタオルを共同で使用していた」

「区分された収容者同士がむやみに言葉を交わす

のを防ぐため、壁の高い所に窓がつけられていて、寝たきりの患者は文字通り外の眺めを奪われている救貧院もあった」

報告書には、目を覆いたくなるような光景が記されていました。

英国では一八三四年に〝新救貧法〟が制定されましたが、その法によれば救貧院の生活は巷《ちまた》で暮らす人々の水準を上回ってはならないとされ、その実態は不潔と悪の巣窟と化していたのです。救貧院内の具体的な情景は、例えば、作家チャールズ・ディケンズによる『オリヴァー・トゥイスト』に登場するオリヴァー少年の生き方を通して知ることができます。

〝ナイチンゲール看護師〟たちに、リヴァプールで働く許可が下りたのは、一八六五年の三月でした。ナイチンゲールは卒業生の中でも優秀なアグネス・ジョーンズ嬢を看護監督に抜《ばっ》擢《てき》し、一二名のスタッフを付けて送り込みました。アグネス・ジョーンズの卓越した働きについては、第七章ですでに述べました。

幾多の困難を乗り越え、ナイチンゲールが説く看護を実践に移していったアグネスたち看護師団によって、救貧院病院における最初の改革は短期間のうちに成功したのです。そこでナイチンゲールは次の行動に出ていきます。

ナイチンゲールによる救貧法改革案ＡＢＣ

ナイチンゲールが次にしようとしたことは、現行の救貧法を改正し、救貧院の悲惨な現状から人々を救うことでした。今回は法律を改正するのが目的ですから、改革には確かな構想と苦悩と勇気と知恵と実行力が必要です。さらに難関な点は、改革のために堅固な後ろ盾があるかどうかという問題です。ナイチンゲールは女性であり、国会議員でもありません。女性の力はまだ社会では認められていませんでしたし、一民間人の声など簡単に届くはずはないのです。ところが今回もナイチンゲールは大きな後ろ盾を得ました。先のヴァリヤーズ氏に加えて、首都地区救貧法監視官ファーナル氏が賛意を示し、改革の先鋒《せんぽう》を担いでくれることになったのです。

ナイチンゲールが提案した「救貧法の改革案」には次の三点が盛り込まれていました。

A．病人、心身障害者、老人や病弱者ならびに子どもは、あくまでも別々に、それぞれの適当な施設に収容されるべきであって、現行のようにすべての人々を無差別に収容してはならない。

B．管理体制としては、一本化された中央管理体制が必要である。

C．病人や心身障害者などのケアと治療のために適切な施設を設けるには、土地や施設の統廃合が必要であり、またこれまでのような教区内の救貧税に頼るのではなく、一般地方税の適用が不可欠の条件である。

ナイチンゲールの改革ＡＢＣ案のどれもが、これまで誰も提案しなかったものでした。これは国に抜本的な制度改革を要求する内容だったのです。

首都救貧法の制定とその意義

ヴァリヤーズ氏は、即刻立法改正の動きを起こしました。しかし惜しいことに一八六六年六月に自由党政府が倒れてしまい、救貧法案は一旦葬られてしまったのです。しかし次に救貧法庁長官についたゲイソーン・ハーディ氏が議会に法案を提出すると、そのまま通過しました。こうして一八六七年三月に「首都救貧法」が成立したのでした。

この法案によって、ナイチンゲールが主張した救貧院改革の三原則のうち、Ａ案とＣ案が実現しました。Ａ案によって、救貧院に入所している病人、老人、子どもや障害者は、他の一般の健康な貧民と区別して分離収容されることになり、彼らに相応《ふさわ》しいケアが提供されることになりました。この改革によって、働く能力のある人々を支援する福祉ケアと、病人や老人など働く能力を失った人々を支援する看護ケアとが分離されたのです。以降、二つの領域は協働しながら発展することになります。さらにC案によって、財源はこれまでのキリスト教区税からでなく、一般市民税から拠出されることになりました。税体制が整備されたということは、公共の性格がより一層強まったことを意味します。

ナイチンゲールは成果について次のように述べています。

「われわれはいくつかの目的を達成しました。救貧院から精神障害者二〇〇〇人と、熱病と天然痘の患者八〇人、それに子ども全員を移動させること、医官や師長、看護師ら全員の給料は、ロンドン市の市民税の中から弁出すること、また病人はすべて別の建物に移すこと、これら病人のために、救貧法委員会の指名による新しい貧民救済委員会を設置すること、などです。でもこれはほんの手始めで、やがてはさらに多くの成果を挙げることでしょう」

この法案は、貧民への病院提供が国の責務であるという近代的扶助制度の端緒を開いたものとして高く評価されています。さらにこの法律は〝ゆりかごから墓場まで〟というキャッチフレーズで有名になった法律、つまり国民保健サービス法（ＮＨＳ）につながる重要な一里塚となったのです。一九四八年に制定された国民保健サービス法は、幾多の変遷を経ながらも、今日まで英国民の健康と福祉を支えています。

『救貧覚え書』にみるナイチンゲールの救貧観

ナイチンゲールは、貧困とは人間に与えられる苦悩のなかでも、最大の苦悩のひとつであると考えていました。

「苦悩は、それを背負う人の価値を、並みの人間以上に高めるものであり、その人が苦難に耐えている限り、もはや善悪も価値の大小も、敵味方もない。受難者は人間の格付けや道徳的判断といった次元を超えて存在しており、その苦しみそのものが彼らの資格となる」

これがナイチンゲールの貧困者に向けた眼差しだったのです。深い、深い洞察です。

この思想は、〝首都救貧法〟が通過した後に著わした『救貧覚え書』（一八六九）に如実に記されています。冒頭の言葉から見ていきます。

「わが国の首都ロンドンでは、毎年七〇〇万ポンドにのぼる金額が、救貧法および慈善事業に費やされている。しかしその結果はどうだろうか。救済の対象である貧民は、直接的にも間接的にも増大しているのである。ロンドンの貧民は、過去一〇年間で二倍にも膨れ上がっている」

実態を知り尽くしているナイチンゲールです。ではどうすればよいのかという解決策を提案しています。

「健康な貧困者は、なんとかして自立できるものである。われわれがまず第一にすべきことは、あらゆる病人に、彼らが治療や世話を受けられるような場所を提供して、彼ら全員を救貧院からそこへ移すことである。

その次になすべきことは、飢餓状態にある人々に、彼らが自活していけるように、その方法を教えることである。飢餓状態にあるという理由で、決してこうした人々を罰することではない」

この提言によって、英国では働く能力のある貧民を対象として援助する〝福祉ケア〟の道と、働く能力のない病人や子どもなどを対象として援助する〝看護ケア〟の道とが分岐し、二つのケア領域が育っていったのではないかと考えられます。

さらにナイチンゲールの主張は続きます。

「自分の力で仕事を見つけて働くという、自発的な労働者を増やすことによって、貧困状態にある人々をできる限り減らしていくというのが、救貧法の目的であるべきなのに、この法律は完全に力を失ってしまった。個人的に行なわれている慈善事業も崩壊し、悪化の傾向をたどっている。それは不幸な事態をさらに増大しているのである」

英国内で長い間行われていた慈善事業は、基本的に貧困者に物や金を与えることに主軸がおかれていましたが、ナイチンゲールはそれではかえって人をダメにすると言います。それより、その人が持っている自立する力に力を貸して、社会が貧困から脱する道をつけることだと諭しているのです。この主張は、現代社会においても有効な視点です。人間の本質を見ているナイチンゲールの目があります。

子どもたちについても記されています。

当時ロンドンには街を走り回る一〇万人もの宿無し子たちがいたようです。彼らを集めて教育を施せば、彼らは自分の生活を支えるに足るお金を稼ぐことができて、貧困の世界に舞い戻ることがなくなるだろうと記されています。また別の方法として、子どもたちを集めて小さな家に下宿させ、その家の人に世話をしてもらうような仕組みを作れば、彼らを貧困状態から離脱させることが可能であろうとも言います。このようにナイチンゲールの提言は、極めて具体的で有益であり、実行可能な内容です。

ナイチンゲールが指摘した事項は、まだいくつかあります。例えば住居の問題、囚人への支援の仕方の問題、さらに意思がある人々を「移民」として送り出すという提案など、救貧という問題を単に嘆くだけでなく、彼らが置かれた実態を実に細かな点まで観察した結果出された対策が打ち出されています。

こうした側面を現代的に捉えれば、ナイチンゲールは単に看護師ではなく、正に福祉の人であり、ソーシャルワーカーであったともいえるでしょう。

第一二章　ナイチンゲールが書いた印刷文献と手稿文献

膨大な著作をまとめるプロジェクト

書くことが得意だったナイチンゲールは、幼少時よりいとこたちや叔母たち、そして多くの友人・知人たちと頻繁に手紙のやりとりをしていましたが、彼女が生涯を通して書き遺した手紙の量は膨大なものでした。その数は一万点とも二万点とも言われています。そしてそれら手紙の多くが、大英図書館やウェルカム医学史図書館をはじめ、ナイチンゲールの姉の嫁ぎ先であるクレイドンハウス等に保存されています。

さらにナイチンゲールは、クリミア従軍の前からまとまった文書を書き著わしていました。殊にクリミア帰還後には、政府の報告書をはじめとして、多領域にわたる著作文献を書き遺しています。その数は一五〇点とも二〇〇点とも言われていますし、これまた大半が保存されて今日に至っています。

生きながらにして伝説の人となっていたナイチンゲールの真の姿を明らかにしようとする

プロジェクトは、国際看護協会（ＩＣＮ）とフローレンス・ナイチンゲール国際基金（ＦＮＩＦ）によって企画され、イギリス人で医療ジャーナリストのW. J. Bishop（以下、ビショップ）氏に支援を求めて着手されました。ビショップ氏は約七年に及ぶ探索を経て概要を明らかにしたのですが、道半ばで亡くなりました。彼の仕事を完成まで導いたのは、ビショップ氏の助手として、また秘書として身近に仕事をしてきたSue Goldie（以下、ゴールディ）女史でした。ゴールディ女史は、プロジェクトそのものに精通していたばかりではなく、ビショップ氏の仕事の方法にも通じていたのです。研究の成果は、『*A Bio-Bibliography of Florence Nightingale*（フローレンス・ナイチンゲールの著作目録）』として完成しました。

国際看護協会とフローレンス・ナイチンゲール国際基金が、完成した著作を出版したのは、一九六二年のことです。本書が出版されたことによって、ナイチンゲール文書の全体像が明らかになったのです。

『ナイチンゲール著作目録』の全体像

『*A Bio-Bibliography of Florence Nightingale*』では、一五〇編のナイチンゲール文献がその内容によって九つのグループに分類されています。そして文献一編一編について内容を紹介し、解説する文章が記載されています。解説文を読むことによって各々の文献の性格が良くわかるようになっています。

ナイチンゲール著作目録九章分の内容は、以下のとおりです。

第一章：NURSING：看護（No.1～47）―合計四七編
Nos. 1～12 General works on Nursing（看護についての全般的展開）
13～23 The Development of Workhouse and District Nursing（救貧院および地域看護の発展）
24～47 Messages to Nurses（看護師たちへのメッセージ）
第二章：THE ARMY：英国陸軍（No.48～58）―合計一一編
第三章：INDIAN AND COLONIAL WELFARE：インドおよび植民地の福祉（No.59～97）―合計三九編
Nos. 59～93 India（インドについて）
94～97 Colonial Welfare（植民地の福祉について）
第四章：HOSPITALS：病院（No.98～105）―合計八編

第五章：STATISTICS：統計学（No.106〜108）——合計三編
第六章：SOCIOLOGY：社会学（No.109〜117）——合計九編
第七章：MEMOIRS AND TRIBUTES：回顧録と献辞（No.118〜125）——合計八編
第八章：RELIGION AND PHILOSOPHY：宗教と哲学（No.126〜129）——合計四編
第九章：MISCELLANEOUS WORKS：種々雑多な記事（No.130〜150）——合計二一編

一見しただけで、ナイチンゲールが多領域にわたるテーマに取り組んでいたことが明白になりました。看護だけでなく、病院、統計学、社会学、哲学の分野においても論文があるのです。さらにナイチンゲールの関心は、インドと植民地の福祉問題にも向けられていたことがわかります。筆者は、本書において看護、陸軍、病院（建築）、統計学、社会学については詳細に触れてきましたが、紙面の関係でインド関連の文献と宗教および哲学の文献には触れることができませんでした。

ビショップ氏が整理した一五〇編の文献全体に目を通せば、ナイチンゲールが一九世紀の英国社会を広い視野でみつめ、社会の病理現象の本質を見抜き、その解決に向けて果敢に立ち向かった女性であることが証明できるように思います。

『ナイチンゲール著作目録』邦訳の現状

筆者による文献調査によれば、『*A Bio-Bibliography of Florence Nightingale*』に収められ

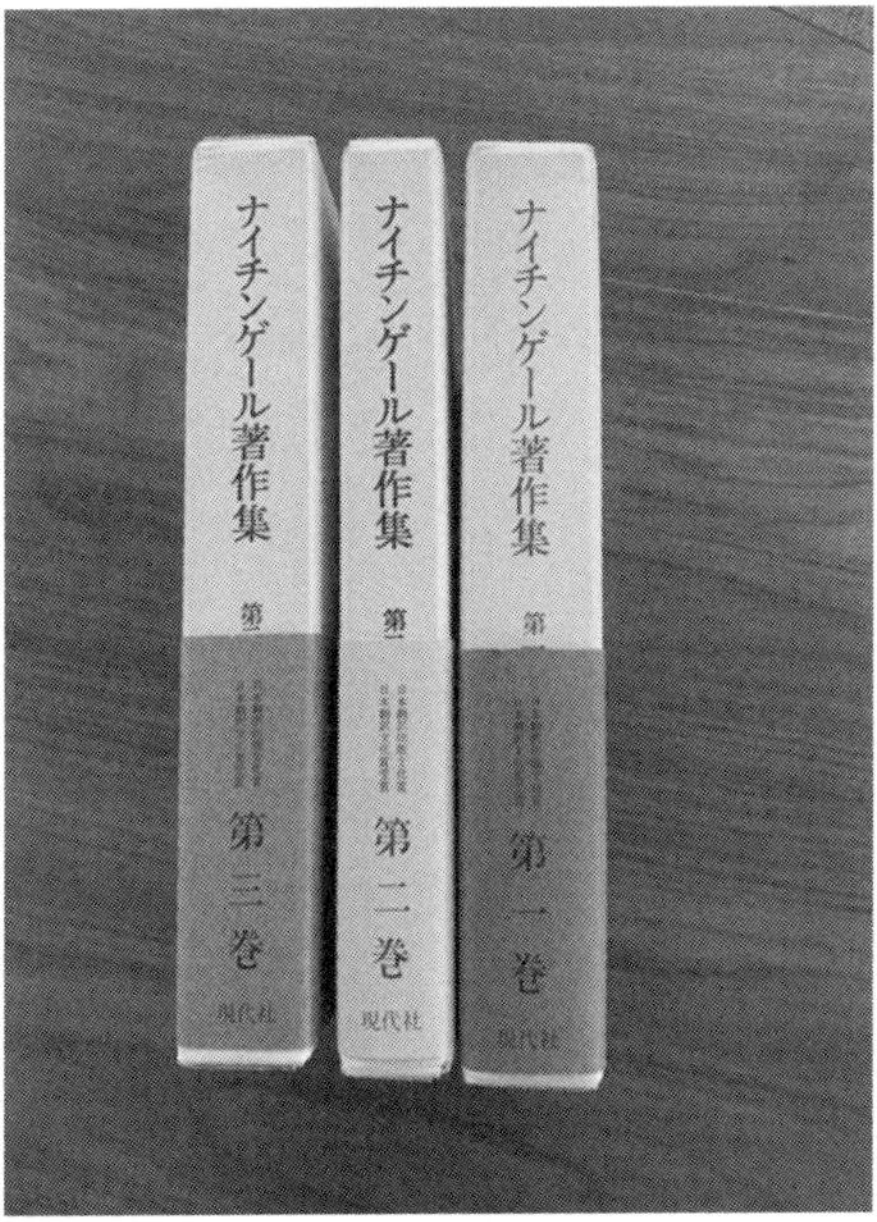

図35　ナイチンゲール著作集 全3巻

ている一五〇編の文献のうち、邦訳されている文献数は四七編あることが明らかになっています。

看護界において邦訳がもっとも多いのは、第一章の「看護についての文献」ですが、すでに三二編が訳出されています。そして他の八領域についても代表的な文献は満遍なく訳されていますから、日本におけるナイチンゲール思想研究の土台は整っていると考えられます。

特に現代社刊の『ナイチンゲール著作集（全三巻）』には、一章～九章に含まれる主な文献が訳出されていますから、本書を中心に読み進み、著作集には加えられていない論文と併せて解読することで、ナイチンゲール思想の全体像を把握することが可能となるでしょう。

ナイチンゲールの手稿文献

印刷文献の全貌が判明した段階で、次に明らかにしたいのは手稿文献です。

筆者がナイチンゲールの手稿文献の概要を調査するために、初めて英国を訪れたのは一九七七年のことでした。多くの手稿文献がウェルカム・ライブラリーと大英図書館、それにナイチンゲール看護学校の図書館に所蔵されているという情報に基づいての訪英でした。

最初に訪問したウェルカム・ライブラリーの建物は、正式には Wellcome Institute for

図36　当時のウェルカム・ライブラリーの内部

the History of Medicineといい、医学各分野の歴史研究機関となっています。筆者が訪れたときにはナイチンゲールの書簡が一〇〇通以上保管されていました。その多くは一八五五年～一八五六年のクリミア戦争中に書かれた書簡でした。司書長さんは、そのことに大きな誇りをもっているようでした。

当時、二階のフェンスの下にはヒポクラテスを筆頭に、一階の空間をズラリと囲むように歴代の医学者の名前が掲げられていました。その中には消毒法で知られるリスターと、X線の発見者であるレントゲンに挟まって、ナイチンゲールの名前があったのを覚えています。おそらくナイチンゲールは衛生学者として位置付けられていたのでしょう。

次に訪れた大英図書館では〝ステューデント・ルーム・オブ・マニュスクリプト〟と呼ばれる部屋に

所蔵されているナイチンゲールの手稿文献に目を通しました。文献はフォリオ版という大きさのバインダー（厚さは一〇センチほど）に収められ、それがなんと一六五巻もありました。一六五巻の内容はおよそ三種類に区別することが可能でした。量的に一番多いのは「書簡」で一二二巻あり、それは全体の七五パーセントを占めています。残り四三巻のうち二六巻は「原稿綴《つづ》り」で、すでに印刷文献として世に出ている原稿が含まれていました。原稿は特別な紙に書かれているわけではなく、普段手紙などに使っている紙の裏表が使用されており、余白に修正が書き足されていました。このバインダーからは清書された原稿を見ることはできませんでした。残りの一七巻は多種多様な雑文献となっています。

「書簡」が収められているバインダーは、ナイチンゲールが文通をしていた人物別に分類されたうえで、年代順に整理されてファイルされていました。しかしこれらの書簡のすべてがナイチンゲールによって書かれたものではありません。彼女が書いた書簡と同程度の量、あるいはそれ以上に文通相手から受け取った書簡が保存されているのです。したがって、どの時期に、どんな人物とやり取りしていたかを知りたければ、容易にそれを探し当てることができますし、逆にナイチンゲールが何年頃にどの程度の期間、誰と交流していたかをつかむことも容易です。一冊のバインダーにはおよそ三〇〇〜四〇〇通の書簡が収められ、そこにはたいてい二〜三人の人物とのやり取りがファイルされていました。ナイチンゲールは世界中の人びとと交流していたことがわかりましたし、その話題も実にさまざまでした。

バインダーの一巻目は、親友であったシドニー・ハーバートに宛てたものです。一八五四年〜一八五六年、すなわちクリミア戦争中に書かれたものが多かったです。それはナイチンゲールがクリミア戦争中に、時の戦時大臣であったハーバートと、いかに密接に交流していたかを物語ります。二巻目と三巻目は、シドニー・ハーバートからナイチンゲールに宛てたものでした。

その他、大量の書簡類の中には、ヴィクトリア女王宛てに書いた下書きのようなものもありましたし、なかには兵士の母親に、その息子の死について書き送った書簡もありました。さらに衛生改革者のエドウィン・チャドウィックや、哲学者であるJ・S・ミルとも、互いに多くの情報交換をしていたことがわかります。

面白いことに、書簡の最初のページの右肩や左肩の部分に「読んだら破棄せよ!」とか「燃やして!」と書かれたものが残っていました。当時は大事な会話や秘密の打ち合わせなど、すべて手紙を通してやり取りしていたわけですから、こうした「指示」があったとしても不思議ではありませんが、それらの書簡がナイチンゲールの意思に反して遺されてしまっているところに、なんとも複雑な思いがしました。

また家族や親族に宛てた書簡は、その量がたいへん多いことも見て取れました。ただし姉のパーセノプ宛てのものは一通しか見当たりません。姉とのやり取りは、すべてパーセノプの嫁ぎ先であるクレイドン・ハウスに保管されているのではないかと思います。

看護師たちとの交流の広さや深さも、書簡の量をみれば一目瞭然です。ナイチンゲールは、教え子たちや、各病院の看護師たちからの質問や依頼に丁寧に応えていましたし、時には助言や提言をしています。一人の看護師とは四〇〇枚を超える書簡を往復させることも珍しくはありませんでした。一八五七年以降はほとんどベッド上の生活を余儀なくされたナイチンゲールでしたが、他者とのコミュニケーション手段は明らかにこうした書簡にあったのです。

「多種多様な雑文献」には、三冊の家計簿と、二冊の小さな日記帳、それに献立表が含まれています。

ナイチンゲールは頻繁に、事あるごとに、友人や知人に贈り物を届けることを常としていましたから、家計簿を見れば、そこにはナイチンゲールがどんな買い物をしていたかが分かって面白いです。高級食肉や食品の詰め合わせや花や本など、またときには高級ブランデーやワインなども贈り届けています。

日記帳は縦一三センチ、横八センチの小さなものですが、ナイチンゲール三〇歳の誕生日にあたるページには「今日で私は三〇歳。キリストがその使命を具現した年である……」と記されていました。ここに保存されている日記は、その日のメモ書きとして使われていたものでしょう。長々と自己の気持ちを記載したものは見当たりません。一八七七年の日記には、おそらく面会予定者を記入していたものと思われるのですが、予定表と共に人の名前がびっしりと書き込まれていました。

献立表は、一三ページ分しか使用されていませんでしたが、一八八八年～一八八九年にかけて、ナイチンゲールが摂った食事内容の一部を知ることができます。彼女は食材には気を使っていましたし、自ら立てた献立表にしたがって調理してもらっていました。彼女の階級に相応《ふさわ》しい食事を摂っていたと思われます。

その他、雑文献のなかには、ハッとさせられるメモ書きが残されていました。ナイチンゲールは思いついたことをその都度、手近にあった紙に殴り書きしていましたが、それらのメモ類も丁寧にファイルされています。メモ類は相当量ありました。メモの内容は、看護に対する疑問や意見、また社会問題に関する意見がほとんどでしたが、短い走り書きの中に、ナイチンゲールの生きた言葉があるように思われ、この時はナイチンゲールを身近に感じました。特に最後の一六五巻目のバインダーの中に、「優れた看護師は、優れた女性でなければならない（A good nurse must be a good woman）」という言葉を見つけたときには、ナイチンゲールに直《じか》に語りかけられているようで、ジーンとしました。

ナイチンゲール看護学校内のナイチンゲール文献

筆者が訪問した当時のナイチンゲール看護学校は、聖トマス病院に隣接して建てられ、地上七階建ての校舎を持っていました。入口の回転式ドアを潜《くぐ》り抜けると、ホール右手に設置されたナイチンゲールの上半身のブロンズ像が出迎えてくれました。司書のS嬢に案内されて館内の書棚を見て歩きましたが、学生が利用できるナイチンゲール関連の書籍としては、数冊の伝記本と『看護覚え書』があるだけで、期待していただけに気持ちを立て直すのに時間がかかりました。館内で学習している学生さんの何人かに「ナイチンゲールに関する授業がありますか?」と尋ねると、「No」という返事が返ってきました。またナイチンゲールに興味を持っている学生さんも見当たりませんでした。キングス・カレッジ・オブ・ロンドンに併合されている現在の看護学部での授業の組み立てについてはわかりませんが、少なくと

図37　当時の大英図書館の概観

も七〇年代の看護学校では、ナイチンゲールに関しての講義はなく、ナイチンゲールは過去の人物として忘れ去られていたのです。

しかし館内には、〝ナイチンゲール文書〟が保管されている本棚があることを、司書さんから教えていただきました。三段棚になった本箱が三つあり、そこにはかつてナイチンゲールが使用した書物が並んでいました。本棚は図書館のほぼ中央の壁に吸い付くように置かれており、応接セットと並んで、誰の目にも触れられるように配置されているのです。早速、S嬢に頼んで鍵をあけてもらい、一冊一冊に目を通しました。ナイチンゲールが幼少時に読んだ聖書には、アンダーラインあり、メモ書きありで、読みこなしていたことをうかがわせます。収蔵されている本はおよそ三〇〇冊。

古い本ばかりなので、手に取ってページを開くと革表紙などはパラリと千切れてしまいます。S嬢に聞くと、これらの書籍を利用する学生は皆無で、使われるとすれば、それは何かの委員会が昔の資料を調べる時くらいだと教えてくださいました。これらは持ちだし禁止で、コピーをとることも許されませんので、一冊一冊、丹念にタイトルを写しながら内容を見ていくことしました。本棚の文献は、およそ次のとおりでした。

一．ナイチンゲール自身によって書かれた作品（このほとんどは大英博物館にも所蔵されている）。

二．ナイチンゲールが幼少時に読んだと思われる作品（聖書や子供向けの本）。

三．ナイチンゲールが使用したと考えられる参考図書。これには医学書や医学事典、『看護覚え書』以降に書かれた看護書（医学書の類は多くはないが、最新外科学というタイトルの本がある）。

四．ナイチンゲールから、聖トマス病院の看護師や学校の見習生たちに贈呈した書籍（この数は多い。ほとんどが一八七〇年以降に贈られたものである）。

五．その他、クリミア戦争に関する記録や、聖トマス病院に関する記録類など。

この本箱の内容を見ただけでは、ナイチンゲールが読んだ書物の全体を推し量ることは到

図38 『*Collected Works of Florence Nightingale*』全16巻

底できませんが、大英図書館に所蔵されていた「手稿文献」と併せて、これらの文献に直接触れることができたことで、再びナイチンゲールを身近に感じ取ることができたのでした。

カナダのナイチンゲール研究者、リン・マクドナルド博士

時代は過ぎゆき、二一世紀に入るとナイチンゲール文献研究は一気に次のステージに入ってきました。カナダ在住の社会学者、リン・マクドナルド博士による文献研究の成果が世界を驚かせたのです。

リン・マクドナルド博士は、カナダ政府からの資金援助を受けて、ナイチンゲールが著わし

た夥《おびただ》しい量の印刷文献を解読・分析しました。筆者がかつて調査した大英図書館蔵の手稿文献に加えて、現存するナイチンゲールの手稿文献を探し求め、世界二〇〇カ所から優に一万点を超える書簡類を収集し、読み解いたのです。鉛筆書きの手稿文献の解読は難しく、またナイチンゲールの生活の周辺事情も熟知していなければ、書簡の内容を正確に解くことはできません。根気が要る作業であったと想像します。

博士はすでに、全ての印刷文献と入手した手稿文献を類別して編集し、『*Collected Works of Florence Nightingale*』全一六巻（二〇〇一年〜二〇一二年刊）として出版しました。二〇年余を要した作業であったようです。全一六巻中には、印刷文献と手稿文献に対する博士の詳細な解説がなされており、それは新たなナイチンゲール伝としての価値を有するものです。加えて博士は、全一六巻のデータベース化を行なっており、私たちが容易にナイチンゲールに関する一次資料に接することを可能にしてくれています。ナイチンゲール文献を求めて英国に出向かなくても、書斎にいながらにしてナイチンゲールの文章を読むことができる時代になったのです。

筆者はカナダに住む博士のご自宅を訪ね、仕事場を見せていただきました。そこには膨大な資料が保存されていました。博士の見識と、長年にわたる緻密な研究がなければ、到底完成しなかったであろう『*Collected Works of Florence Nightingale*』全一六巻を前に、ナイチンゲール研究は大きく前進したと感無量でした。

第一三章　穏やかな晩年

サウス街一〇番地の住処《すみか》

クリミアから帰還後のナイチンゲールは、安住する家を探してあちらこちらを転々としましたが、ついに一八六五年（四五歳）に申し分のない家を見つけました。両親や友人たちが手を尽くして探してくれた結果でした。サウス街一〇番地にあるその屋敷は、見事にナイチンゲールの要求に合致したもので、ロンドン市内のハイド・パークのすぐ傍《そば》に位置し、ドルチェスター荘の庭園を背にして建ち、新鮮な空気と太陽の光と木々の緑に恵まれていました。

家に一歩入って受ける印象は、その白さと整然さと明るさであったといいます。寝室にはバルコニーに開く窓があり、その窓には日よけがあってカーテンはなく、部屋には陽光がさんさんと降り注いでいました。窓辺には一年中、ウィリアム・ラスボーンから届けられる草花が咲き乱れる花台があり、バルコニーにはさらに多くの花鉢がありました。さらにアシュバーン夫人から届けられる箱一杯の新鮮な切り花が、花瓶に生けられてもいました。このように、ナイチンゲールは常に花々に囲まれて暮らしていたのです。寝室は階上にありました。ベッドの右手に窓があり、背後は書棚でした。家具は質素なもので、肘掛け椅子一つと、大きめのテーブルが置かれていました。

気分の良い日は、昼食の後に起き上がって階下の応接間に下り、長椅子にもたれて客に会うことがありました。面会の人数は制限され、客人はたとえこの家に滞在している時でも、約束の時間以外は絶対に会えないのでした。ナイチンゲールは常に黒い絹の衣装をまとい、頭には上質の白いレースのスカーフを被っていました。

応接間はきわめて簡素で、窓のカーテンは無地の青色のサージ、壁は白く、部屋の周囲にはローマで買い求めたシスティン聖堂のミケランジェロの天井壁画の複製版が懸けられ、ぎっしりと書籍の詰まった数個の本棚が置いてあったと、伝記作家のウーダム・スミスは書いています。ナイチンゲールの居室が、イメージの中で広がっていきます。

穏やかな日々

七〇歳のナイチンゲールは、まだまだ元気でした。相変わらず忙しい日々を送る中にあって、それでも本来の性格が外に表れるようになってきました。

図39　ナイチンゲールが住んでいたことを記すブループレート（サウス街10番地）

図40　70歳のナイチンゲール（クレイドン・ハウスにて）

一時は、医師から死の宣告を受けるほどに衰弱し、その都度、遺言状を認《したた》めていたのですが、その気遣いも不必要なほどに体調は安定して、晩年のナイチンゲールは、多くの人びとと手紙を通して交流し合い、相手のお祝い事などには花束を贈ったり、贈り物を届けたりしています。交流した人々の数は数えきれず、リハースト荘の近くに住む村人たちや、かつての小作人や雇い人とも手紙の交換をしていたことがわかっています。看護師、看護学生、看護師長や監督、さらには浮浪児や孤児たちにまで及ぶ数えきれないほどの人々は、誰もがナイチンゲールから優しさと労わりを受けたと証言しています。

晩年になると、ナイチンゲールの風貌までもが変化してきていました。若い頃はほっそりとしていて背が高く、その優雅ないで立ちは人々を魅了しましたが、成年になるにつれて次第に労苦が顔に出るようになり、厳しい顔立ちになりました。それが、七〇歳を迎える頃には驚くべき変貌をとげ、豊かに肥えて堂々たる貫禄《かんろく》を備えた優しい顔つきの老婦人になったのです。

晩年にナイチンゲールがもっとも親密に行き来したのは、ハリー・ヴァーネイ家でした。姉のパーセノプが関節炎を患い体が不自由になり、その後重症化してケアが必要になると、ナイチンゲールがクレイドン・ハウスに赴いて采配を振るうことになったのを機に、ますま

図41　クレイドン・ハウスにおけるナイチンゲールと看護師たち

すナイチンゲールとヴァーネイ家の人びとは近しくなり、相互に欠くことのできない関係となったのです。クレイドン・ハウスにはナイチンゲールが長期滞在できるように、専用の部屋が用意されていました。また、ナイチンゲールは看護師たちをクレイドンに招くこともありました。

現在では、クレイドン・ハウスは「ナショナル・トラスト」の管理下にありますから、一般公開されていて誰でも見学することができます。広間に設置された大きな戸棚には、ナイチンゲールの遺髪など、貴重な品々が保存されています。

動物好きだったナイチンゲール

ナイチンゲールは動物好きで知られています。子ども向けの伝記には、ケガをした犬に包帯を巻いているナイチンゲールの姿が描かれていますが、これは事実のようです。その犬の名前はキャプテンという牧羊犬でした。しかし彼女がキャプテンの傷を手当てする時、煮沸した水を使って処置をするという慎重さと専門知識を持った少女だったということは、ほとんど知られていません。

三〇歳の夏に、エジプト旅行の帰路に立ち寄ったギリシャでは、パルテノンで少年たちから虐《いじ》められていたフクロウの子を助けたのですが、その子に〝アテナ〟という名前を付けて可愛がりました。アテナは初め獰猛《どうもう》でしたが、やがてナイチンゲールによく懐き、彼女のポケットの中に入ってどこへでも旅するようになりました。このアテナは、ナイチンゲールがクリミアに赴く直前に死んでしまい、ナイチンゲールをたいそう悲しませました。

また、ナイチンゲールは生涯を通して、猫を飼っていました。ナイチンゲールの居室には常に何匹かの猫が同居していたといいます。猫の話はナイチンゲールの文章の中にしばしば出てきます。

さらにナイチンゲールは、とりわけ小鳥たちに愛着を抱いていたようです。緑に囲まれて暮らしていましたから、バルコニーに餌を求めてやってくる小鳥たちを、丁寧に観察していたことは想像できます。また、隣接する庭園の木々に群がる小鳥の囀《さえず》りを聴くことは、視力が衰えてきたナイチンゲールにとっては、この上ない楽しみであったでしょう。彼女は小鳥たちの食餌について克明に調べ上げ、その知識を公表しようと考えました。「小鳥協会」の名誉会員でもありましたから、一八八五年のある日、週刊ニューカッスル新聞土曜付録に設けられた「子どもコーナー」に、原稿を寄贈したのでした。「小鳥たち」と題するその寄稿文に目を通しますと、「いったい若い会員たちは、小鳥に餌を与える方法を知ってるのでしょうか？」「パンくずをやることだと考えているようではいけません」「パンくずを常食とする小鳥はスズメだけで、およそ鳴き鳥というのは肉食（食虫性）で、ミミズや昆虫やいも虫を食べて生きているのではありませんか」と書かれています。パンくずだけを与えていると、スズメを繁殖させるばかりで、

図42　ナイチンゲール博物館に置かれている剝製・フクロウのアテナ

他の美しい小鳥を飢えさせてしまうというのです。このように、ナイチンゲールは小鳥研究においても、科学者としての眼《め》をもって観察していることがみえてきます。

親しい人びととの別れと新たな仕事

ヴィクトリア朝時代にあって、ナイチンゲール家の人びとは皆、長寿を全うしています。上流階層の死亡者の平均年齢が五〇歳くらいの時代です。父親のウィリアムは階段で足を滑らせて急逝しましたが、七九歳でした。母親のフランセス(ファニー)が静かに息を引きとったのは、九二歳でしたし、姉のパーセノープは病と闘いながらも七一歳まで生きました。母や姉との確執が長く続き、若い頃から苦労をしてきたナイチンゲールですが、最期まで付き添いケアを厭《いと》いませんでした。母と姉からの頻繁に寄せられる過度で無遠慮な要求をめぐる悶着《もんちゃく》から解放されてからのナイチンゲールは、仕事に集中できるようになるのですが、その頃には彼女もすでに七〇歳になっていました。

パーセノープが亡くなってからも、ナイチンゲールはクレイドンに足を運び、ハリー・ヴァーネイ卿《きょう》やその家族との交流を深め、ナイチンゲールにとってクレイドンは第二の故郷となっていました。その頃のハリー卿は九〇歳に近かったのですが、その知性と体力はいささ

図43　ハリー・ヴァーネイ卿と語り合うナイチンゲール

かも衰えてはいませんでした。二人はよく語り、手紙を交換し合っています。その結果、ここに一つの新しい事業が立ち上がったのです。ナイチンゲールは成り行きでクレイドンの所有地の管理を任せられることになり、その財政状況や小作人たちの農民小屋の状態、近隣の村々の保健問題、給水や衛生状態などを調査することになったのでした。調査をふまえてナイチンゲールが着手した企画は、村の母親たちに家庭保健の基本原理を指導できるように訓練を受けた「保健指導員（health missioner）」という新たな職種を創設し、彼女らに地域看護師の活動を支援させるというものでした。ハリー卿の息子のフレデリック・ヴァーネイ氏が、北バッキンガム州の技術教育委員会の委員長をしていたので、彼の力で保健指導員の訓練が技術教育の中に組み入れられ、資金が投入されました。こうして英国にはじめて「保健指導員」という職種が出来上がっていったのです。ナイチンゲールは、一八九四年に書いた「町や村での健康教育」という論文において、この「保健指導員」の役割について明記しています。

親しい人々の死は続きました。一八八九年にはメイ叔母が九一歳でこの世を去り、一八九一年には長く親交が続いた哲学者のベンジャミン・ジョウェットの死が伝えられ、そしてついに一八九四年にハリー・ヴァーネイ卿が九四歳で生涯を閉じました。さらに同年、ナイチンゲールが「ショア坊や」と呼び親しんだナイチンゲール家の跡取りショア・ナイチンゲールが他界しました。こうして次々と親しい人々との別れを体験したナイチンゲールですが、七四歳になっていた彼女は、喪失感を味わうというより、一刻の別離の感情を抱いていました。ナイチンゲールによれば、死とは〝故郷に帰ること〟だったのです。そして若い頃には感じなかったような、人生は素晴らしいという想いも沸き上がってくるのでした。一八九五年に彼女は次のような私記を残しています。

「生きる目的はかずかずある。私はその多くを、失敗と挫折と悲嘆の中に喪《うしな》ってしまったけれど、晩年に至った今、人生は私にとってより貴重なものになっている」

英国陸軍の組織改革のために生命を投げ出して取り組んだ日々、英国の病院改革や看護組織の改革を推進すべく尽力した日々、病院看護師や地域看護師、助産師の育成に心を砕いた日々、そして英国全体の保健医療体制の礎を築くために多くの新しい提言を行ったナイチンゲール。すべての力を出し切って生きたその先に、今ようやく安穏な日々が訪れていました。

九〇年を生きて

老年期には誰でも体験する身体の衰えと知力の衰退を、ナイチンゲールも味わっていました。一八八八年には「私の目はもうだめです。蠟燭《ろうそく》の光では、ほとんど何も見えません」と告げていますし、一八九五年には「記憶が悪くなった」と書き、翌年には「いかにすれば視力を保ち得るか」と記しています。

そして一九〇一年、とうとう闇がナイチンゲールを押し包み、その視力は完全に失われました。もはや読み書きはできませんでした。それでも意思の力が勝り、彼女は最後まで人生の操縦桿《そうじゅうかん》を握り続けようとしていたのです。大切な客がくると分かると、衰えてきた記憶力を補うように、直前に予備知識を得ようと努力しましたし、会見の前にその知識を頭に入れて臨んだのでした。また、ナイチンゲールは新聞や好きな本を朗読してもらうことが好きでした。また他人の活躍ぶりを聞くのも好みました。大勢の総看護師長や看護師たちの話に耳を傾けて楽しんだりもしています。

そんなナイチンゲールに一九〇七年、エドワード七世から、女性として初めての「有功勲章」が授けられました。さらに翌年にはロンドンの「名誉市民権」が与えられましたが、署名をするナイチンゲールには、その名誉や意味が理解できたかどうか定かではありませんでした。

一九一〇年五月は、ナイチンゲール看護師訓練学校創立五〇周年にあたり、これを記念す

図44　ナイチンゲールが眠る聖マーガレット教会の墓

図45　墓石に刻まれた文字

る集会がニューヨークで開かれたようです。その時、アメリカ合衆国には一千以上もの看護学校が存在していました。

しかしナイチンゲールは何一つ理解できませんでした。そして一九一〇年八月一三日、ついに死が静かに訪れました。正午頃に眠りについた彼女は、その後二度と目覚めることはなかったのです。

ナイチンゲールの亡骸《なきがら》は、国葬やウエストミンスター寺院への埋葬の申し出を断って、「遺言」にしたがって、両親が眠るイーストウェロー村にある聖マーガレット教会の墓地に、六人の軍曹によって運ばれました。墓石には、これも遺言によって、名前ではなく頭文字と生年および没年のみが刻まれたのでした。

九〇年の生涯でした。

おわりに

真実の姿が見える伝記を

ナイチンゲールはその生存中からすでに「伝説の人」でした。ナイチンゲール自身、自分の伝記を書くことをよしとしない旨を遺言上に認《したた》めています。しかし彼女のその願いは簡単に破られ、〝ランプを持った貴婦人〟としてのナイチンゲールは、これまでに数えきれないほど伝記に編まれてきました。『ナイチンゲール伝』は、和文だけでなく英文も視野に入れると、大きな本棚がいっぱいになってしまうほどあります。

伝記は書き手の数だけ存在し、それぞれの著者の主張も多彩です。的はずれの賛美を送る伝記から、逆に十分な根拠のない誹謗《ひぼう》や中傷でナイチンゲールを貶《おとし》める内容の伝記まであることがわかっています。さらに伝記のほとんどはクリミア戦争にまつわる話が中心になっていることも特徴です。伝記はその人の歴史を綴《つづ》るものです。史実に基づく内容でなければ、単に根も葉もない噂《うわさ》を流す源泉になってしまいます。

ナイチンゲールの生涯の真実をつかみ取るには、関連する膨大な量の一次資料が存在するだけに難しい作業です。ナイチンゲールが書き残した著作物は、大別して一五〇点とも二〇〇点とも言われる印刷文献と、優に一万点を超える手稿文献とに類別されますが、その大半が保存されています。なかでも書簡類の存在を無視して、作者が想像や推測で物語を紡ぐわけにはいきません。ナイチンゲールは何事につけ長文の手紙に託して、家族や友人や仲間たちに、身の回りの出来事や自分の胸の内や、その時々の仕事や事業の内容について、実に細々と書き伝える人でした。こうした夥《おびただ》しい文献をどれだけ収集して読み込むことができるか、伝記作家にはこれが求められています。ナイチンゲールの生涯とその人となりは、決して単純なストーリーでは描き切れない幅の広さと深さを持っているのです。

本書の特徴は二点

筆者の研究によれば、過去の伝記作家の中には、書簡を含めた夥しい資料に目を通し、また生存する関係者への聞き取りなどに基づいて、事実に近いナイチンゲール像を描いたものが数点存在します。本書はそうした信頼できる伝記を下敷きにして編んでいます。

また、本書を書くにあたっては、ナイチンゲールが書き残した印刷文献全体を把握することから始めました。文献全体を把握したうえで、その内容を読み取り、ナイチンゲールが実現させたかった事柄について掘り下げていきました。ナイチンゲールは統計学的技法を駆使して、看護領域の改革を提言しただけでなく、陸軍の衛生管理体制の改革、病院建築のあり方改革、そして社会システムの構造改革への具体的提案を数多く行っています。

本書は、そうして成し遂げられた多領域にわたる数々の改革に焦点を当て、その具体的展開と内容について述べています。したがって本書からは、彼女が一生をかけて実現しようとした改革の理念や事業形態などを知ることができるでしょう。知られざるナイチンゲールの顔を浮き彫りにすること、これが本書のテーマです。

ひとりの女性の生き方として

一人の女性がこれほどの仕事を成し遂げることができたということ自体、驚嘆に値します。時代が彼女を必要としたのでしょうし、また時代はそのための舞台を用意していたとも言えます。ナイチンゲールには改革の後ろ盾となる多くの有力な人材が存在しましたし、何よりも彼女自身が上流階級の出身で、社会にその声が届く立ち位置にいました。

しかし一方、一人の女性の生き方として見たとき、ナイチンゲールは果たして幸せな人生を送ったのかという疑問も生まれます。直面する難題にその都度果敢に立ち向かっていきましたが、それらはナイチンゲール自身が心底望んで進んで行った道ではなかったはずです。とはいえ、改善すべき課題がみえれば、迷うことなく全身全霊で打ち込んでいったナイチンゲールの姿を、あちらこちらで見つけることができるのです。身体を酷使し、生命が燃え尽きようとも、問題が解決するまで手放さなかったナイチンゲール。それを見守る周囲の友人たちが、彼女を心より助け、共に打開の道を拓《ひら》くための努力を惜しまなかったことも、ナイチンゲールの生き方を後押ししています。

彼女は若い頃から、常に目立つことや名声を得ることには無縁の心境にありました。クリミア帰還後には気力溢《あふ》れる改革がなされていくのですが、それとても彼女が前面に出て旗を振ったわけではありません。ナイチンゲールはあくまで黒子に徹していて、決して公の場には顔も声も名前すら出しませんでした。ですから、世間ではナイチンゲールはすでに亡くなってしまったと思っていたのです。これが「伝説の人」となった所以《ゆえん》です。

ようやく、自分らしさや女性らしさを取り戻し、穏やかな気持ちで暮らせるようになるのは、七〇歳を過ぎてからでした。この頃には内に幸せな気分や満ち足りた気持ちが溢れ、不自由な身体ではありましたが、充実した日々を送ることができたようです。

図46　ロンドンに立つナイチンゲール像

ナイチンゲールの一生は、決してドラマチックではありません。実に地味で、質素で、また厳格な一生でした。しかし彼女が成し遂げた仕事は、人類の〝暮らしと健康〟というテーマに大きな光を投げかけたのです。特に看護という世界にとって、ナイチンゲールの存在は絶大なものがあり、永久にその業績は忘れられることはないでしょう。

【引用・参考文献】

まえがき
浜田泰三訳『ナイチンゲール書簡集』山崎書店、一九六四
エドワード・クック著、中村妙子訳『ナイティンゲール〔その生涯と思想〕第I巻』時空出版、一九九三
シー・カルクス著、北山初太郎訳『フロレンス・ナイチンゲール』秀英舎、一八九〇
女子之友記者勁林園主人編『ナイチンゲール、西洋傑婦伝第二編』東洋社、一九〇一
佐々木秀美：国定修身教科書におけるナイチンゲールの取り扱いに関する若干の考察、綜合看護、36（3）
長門谷洋治『ナイチンゲールに会った日本人』看護教育、10（12）

第一章
金井一薫『ケアの原形論（新装版）』現代社、二〇〇四
セシル・ウーダム゠スミス著、武山満智子・小南吉彦訳『フロレンス・ナイチンゲールの生涯・上巻』現代社、一九八一
リン・マクドナルド著、金井一薫監訳、島田将夫・小南吉彦訳『実像のナイチンゲール』現代社、

二〇一五
O'Malley I.B "*Florence Nightingale, 1820-1856 : A study of her life down to the end of the Crimean War.*" Thornton Butterworth, Limited, 15 Bedford Street, London, 1931
エルスペス・ハクスレー著、新治弟三・嶋勝次共訳『ナイチンゲールの生涯』メヂカルフレンド社、一九八一

第二章

セシル・ウーダム゠スミス著、武山満智子・小南吉彦訳『フロレンス・ナイチンゲールの生涯・上巻』現代社、一九八一
F・ナイチンゲール著、山本利江訳『病院監督から貴婦人委員会への季刊報告——ハーレイ街病院の看護管理　一八五三〜四年』看護小論集、現代社、二〇〇三
オーランド・ファイジズ著、染谷徹訳『クリミア戦争、上下巻』白水社、二〇一五
リン・マクドナルド著、金井一薫監訳、島田将夫・小南吉彦訳『実像のナイチンゲール』現代社、二〇一五

第三章

セシル・ウーダム゠スミス著、武山満智子・小南吉彦訳『フロレンス・ナイチンゲールの生涯・上巻』現代社、一九八一

橋本正己訳『大英帝国における労働人口集団の衛生状態に関する報告書』財団法人日本公衆衛生協会、一九九〇
リン・マクドナルド著、金井一薫監訳、島田将夫・小南吉彦訳『実像のナイチンゲール』現代社、二〇一五

第四章

多尾清子『統計学者としてのナイチンゲール』医学書院、一九九一
丸山健夫『ナイチンゲールは統計学者だった』日科技連出版社、二〇〇八
F・ナイチンゲール著、久繁哲徳・松野修訳『英国陸軍の死亡率（後編）』綜合看護、24（1）
金井一薫『『産院覚え書・序説』再考――助産事業と助産師教育に対するナイチンゲール思想の原点――』日本看護歴史学会、No.33
リン・マクドナルド著、金井一薫監訳、島田将夫・小南吉彦訳『実像のナイチンゲール』現代社、二〇一五

第五章

長澤泰『ナイチンゲール病棟の再発見――病院建築家の立場から――』綜合看護、14（4）
F・ナイチンゲール著、湯槇ます監修、薄井坦子他訳『病院覚え書（ナイチンゲール著作集第二巻）』現代社、一九七四

金井一薫『ナイチンゲール病棟にみる看護の原型——そこにあるsimpleな看護の姿——』綜合看護、14（4）
金井一薫『マイク・ナイチンゲール氏との出逢い』ナイチンゲールの足跡を訪ねる旅・特集、KOMIケア通信（通巻47号）、二〇一〇

第六章
F・ナイチンゲール著、湯槇ます・薄井坦子・小玉香津子・田村眞・小南吉彦訳『看護覚え書　改訂第8版』現代社、二〇二三
金井一薫著『新版 ナイチンゲール看護論・入門』現代社、二〇一九

第七章
チャールズ・グレイブス著、福田邦三校閲、永坂三夫・久永小千世訳『セント・トーマス病院物語』日本看護協会出版会、二〇二〇
福田邦三・永坂三夫訳『ナイチンゲール看護婦養成学校　一〇〇年記念　一八六〇―一九六〇』日本看護協会出版会、一九七三
Lucy Seymer "*Florence Nightingale's Nurses*" Pitman Medical Publishing Company, Ltd, 1960

第八章
F・ナイチンゲール著、湯槇ます監修、薄井坦子他訳『ナイチンゲール著作集・第二巻』現代社、一九七四
F・ナイチンゲール著、湯槇ます監修、薄井坦子他訳『ナイチンゲール著作集・第三巻』現代社、一九七七

第九章
吉田佳代『助産師の職業としての成り立ち——その歴史的展開』熊本大学社会文化研究、12
金井一薫『フロレンス・ナイチンゲール著『産院覚え書・序説』再考——助産事業と助産師教育に対するナイチンゲール思想の原点——』日本看護歴史学会誌、33
Nightingale F.: Introductory notes on Lying-in Institutions, Longmans, Green & Co. London, 1871
この第一次資料は、現在入手不可能であるが、その内容はそっくり左記の書籍に包含されており、本研究では左記文献を参考または引用している。
McDonald L. "*Florence Nightingale on Women, Medicine, Midwifery and Prostitution, Volume 8 of The Collected Works of Florence Nightingale.*" pp.249-329, Wilfrid Laurier University Press, 2005

第一〇章

Rathbone. E. "*WILLIAM RATHBONE*" — A MEMOIR, Macmillan and Co.,Limited, New York: Macmillan Company, 1905
A Member of The Committee of The Home & Training School "*The Organization of Nursing in A Large Town*" 1865
Liverpool Royal Infirmary Nurse's Training School "*Commemorating the 75 Anniversary of the Nurse' League*" 2008
Liverpool_Royal_Infirmary_ward_(14629610246).jpg (1300×688) (wikimedia.org)
F・ナイチンゲール著、湯槇ます監修、薄井坦子他訳『貧しい病人のための看護（ナイチンゲール著作集・第二巻）』現代社、一九七四

第一一章

金井一薫『ケアの原形論（新装版）』現代社、二〇〇四
セシル・ウーダム＝スミス著、武山満智子・小南吉彦訳『フロレンス・ナイチンゲールの生涯・下巻』現代社、一九八一
F・ナイチンゲール著、金井一薫訳『救貧覚え書、（ケアの原形論・新装版）』現代社、二〇〇四
https://nightingale-a.jp/visionary-translation-florence/
ケロウ・チェズニー著、植松靖男・中坪千夏子訳『ヴィクトリア朝の下層社会』高科書店、一九九一

Pam Brown "*Florence: Nightingale*" Exley Publication Ltd, 1988

第一二章

Bishop. W. J. "*A Bio-Bibliography of Florence Nightingale*" Dawsons of Pall Mall, London, 1962

金井一薫『ナイチンゲール文献研究における『A Bio-Bibliography of Florence Nightingale』の意義と、本書が日本のナイチンゲール思想研究に及ぼした影響について』東京有明医療大学雑誌、1（1）

McDonald L. "*The Collected Works of Florence Nightingale*" Wilfrid Laurier University Press, 2005

第一三章

セシル・ウーダム＝スミス著、武山満智子・小南吉彦訳『フロレンス・ナイチンゲールの生涯・上下巻』現代社、一九八一

リン・マクドナルド著、金井一薫監訳、島田将夫・小南吉彦訳『実像のナイチンゲール』現代社、二〇一五

F・ナイチンゲール著、小玉香津子訳『小鳥たち』ナーシング・トゥディ、一九八六

【図版の出典】

Elspeth Huxley, *Florence Nightingale*, Weidenfeld and Nicolson, London, 1975

図1　晩年の父、12頁
図2　若い頃の母、13頁
図3　リハースト荘、55頁
図5　16歳と17歳の姉妹、26頁
図9　スクタリにあった兵舎病院、63頁
図10　衣類乾燥装置、１０３頁
図11　ランプ、89頁
図12　帰国後の髪を切り落としたナイチンゲール、１３９頁
図13　患者のベッドの傍らでまどろむ酔っぱらい看護師、33頁
図20　新築された聖トマス病院、２２５頁

図4　エムブリイ荘、絵葉書
図6　カイゼルスヴェルト学園、絵葉書
図7　ハーレイ街病院があったところ（金井撮影）

セシル・ウーダム＝スミス著、武山満智子・小南吉彦訳『フロレンス・ナイチンゲールの生涯・上巻』現代社、一九八一年
図8　クリミアの地図、185頁

多尾清子『統計学者としてのナイチンゲール』医学書院、一九九一年
図14　陸軍兵士の死亡率、53頁
図15　兵士の死因別死亡率、55頁
図17　年齢階層別死亡率、42頁
図18　野営地の人口密度とロンドンの人口密度との比較、58頁

丸山健夫『ナイチンゲールは統計学者だった』日科技連出版社、二〇〇八年
図16　英国兵士の原因別死亡者数、32頁

「綜合看護」14巻4号
図19　ナイチンゲール病棟図面、49頁
図21　聖トマス病院配置図、27頁

図22　現在の北棟とナイチンゲール病棟（金井撮影）
図23　『看護覚え書』（金井撮影）
図24　1960年代から読み継がれている現代社版の『看護覚え書』（金井撮影）
「ナイチンゲール看護婦養成学校　100年記念　1860―1960」福田邦三・永坂三夫訳、日本看護協会出版会、一九七三年
図25　初期の見習生の寝室、17頁
図26　ウォードローパー校長と看護師たち（1870年代）、20頁
図27　アグネス・ヴェッチを囲んだ見習生たち（明治21年）、27頁
「看護教育百八十年のあゆみ」東京大学医学部附属看護学校　一九九五年.
McDonald L. *Florence Nightingale on Women, Medicine, Midwifery and Prostitution*, Volume 8 of The Collected Works of Florence Nightingale. Wilfrid Laurier University Press, 2005
図28　パリの産院、279頁
図29　キングス・カレッジ病院の産科病棟、282頁
図30　理想病棟の設計図、322頁

The Organization of Nursing in A Large Town, A Member of The Committee of The Home & Training School, 1865

図31　リヴァプール看護師養成学校と宿舎、中表紙

Liverpool_Royal_Infirmary_ward_(14629610246).jpg (1300×688) (wikimedia.org)

図32　リヴァプール王立病院の新病棟

ケロウ・チェズニー、植松靖男・中坪千夏子訳『ヴィクトリア朝の下層社会』高科書店、一九九一年

図33　ブルアリー橋から安アパート街の屋根越しにセント・ポール大聖堂を望む　G・ドレ画、95頁

Pam Brown Florence Nightingale, Exley Publication Ltd, 1988

図34　救貧院の様子、53頁

図41　クレイドン・ハウスにおけるナイチンゲールと看護師たち、46頁

図35　ナイチンゲール著作集・全三巻（金井撮影）

図36　当時のウェルカム・ライブラリーの内部（金井撮影）
図37　当時の大英図書館の概観（金井撮影）
図38　『Collected Works of Florence Nightingale』全十六巻（金井撮影）
図39　ナイチンゲールが住んでいたことを示すブループレート（金井撮影）
図40　70歳のナイチンゲール（クレイドン・ハウスにて）（ナイチンゲール看護研究所所蔵）

図42　フクロウのアテナ（金井撮影）
小玉香津子『ナイチンゲール』清水書院、一九九九年
図43　ハリー・ヴァーネイ卿とナイチンゲール、238頁
図44　ナイチンゲールが眠る聖マーガレット教会の墓（金井撮影）
図45　墓石に刻まれた文字（金井撮影）
図46　ロンドンに立つナイチンゲール像（金井撮影）

フロレンス・ナイチンゲール関係年表

西暦	年齢	ナイチンゲール関連事項	日本及び英国等関連事項
1818		父ウィリアム・ナイチンゲール、母フランセス・スミスと結婚し、ヨーロッパに旅立つ（1821年まで）	
1819		姉パーセノープ（パース）がナポリにて誕生	
1820		5月12日、ナイチンゲール、イタリアのフロレンスにて誕生	
1821	1	ダービシャー州にリハースト荘が完成	
1825	5	ナイチンゲール家、ハンプシャー州にエムブリイ荘を購入	
1837	17	ナイチンゲール家、ヨーロッパ歴訪の旅に出る（39年4月まで）	
1839	19	社交界での初舞台	
1840			ヴィクトリア女王結婚
1842		リチャード・モンクトン・ミルズとの出逢い	
1843	23	この夏中、リハースト荘近くのハロウェイ村の貧民小屋で病人の看病	
1844		アメリカの博愛主義者ハウ博士に相談し、密かに病院で働く計画を練る	

1845	25	ソルスベリー市の病院にいく計画を立てるが、家族の大反対にあう	
1846		父方の祖母と乳母のゲール夫人の看取りを経験	
1847		10月、ブレイスブリッジ夫妻とともにヨーロッパ旅行 冬、ローマでシドニー・ハーバート夫妻と出会う	
1849		再度ブレイスブリッジ夫妻とともにエジプト・ギリシャの旅に出る	
1850	30	7月、カイゼルスヴェルト学園にて2週間滞在	
1851		7月～10月、再度、カイゼルスヴェルト学園に滞在して訓練を受ける	
1853	33	ハーレイ街1番地にある淑女病院の総監督に就任	オスマン帝国、ロシア帝国に宣戦布告 日本の浦賀にペリー来航
1854	34	10月21日、クリミア戦争に従軍、スクタリに向けて出発	英国、フランスがロシアに宣戦布告し、クリミア戦争勃発（1854・3～56・3）
1855		3月、パンミュア卿、衛生委員会をクリミアに派遣	
1856	36	8月6日、帰国、9月、ヴァルモラル城にてヴィクトリア女王に謁見	3月、クリミア戦争終結、ロシアの敗北
1857		女王の勅許状が出され、戦後処理のための「勅選委員会」発足	

1858	38	勅選委員会報告書の出版（統計表が盛り込まれる） 『病院覚え書・第1版』出版 イギリス統計学会の初の女性会員に選ばれる 6月、姉のパーセノープがハリー・ヴァーネイ卿と結婚	日米通商条約調印 英国「医師法」成立
1859	39	12月『看護覚え書・第1版』出版	
1860	40	聖トマス病院にナイチンゲール看護師訓練学校を設立 『看護覚え書・第2版（改定版）』出版	桜田門外の変
1861		キングスカレッジ病院に助産師訓練学校を設立（1867年廃校） ウィリアム・ラスボーンとの交流始まる	
1865	45	サウス街10番地に移り住む（終の棲家となる）	日本の年号が「慶応」に変わる
1867			大政奉還 「首都救貧法」成立 第2回パリ万国博覧会開催
1869		『救貧覚え書』出版	
1871	51	『産院覚え書・序説』出版	
1874	54	父・ウィリアム・エドワード・ナイチンゲール没	
1875			英国「改正・公衆衛生法」成立
1880	60	母・フランセス（ファニー）没	
1882			ロベルト・コッホ　結核菌発見

1883	63	赤十字勲章を受ける	
1886		看護師登録制度に関する論争始まる（93年まで）	
1887		クィーンズ地区看護師協会の設立に協力	ヴィクトリア女王即位60年祭
1889			大日本帝国憲法発布
1890	70	姉・パーセノープ（パース）没	
1892		保健指導員の運動を始める	
1894	74	「町や村での健康教育」出版 ハリー・ヴァーネイ卿没	日英通商航海条約調印
1907	87	有功勲章（オーダー・オブ・メリット）を受賞	
1908		ロンドン自由市民権を与えられる	
1910	90	8月13日、フロレンス・ナイチンゲール没	

ちくまプリマー新書

ちくまプリマー新書

364
コペルニクス
【よみがえる天才5】
高橋憲一
長く天文学の伝統であった天動説を否定し、地動説を唱えたコペルニクスによって、近代科学は大きな一歩を踏み出した。どのように太陽中心説を思いついたのか。

370
ガウディ
【よみがえる天才6】
鳥居徳敏
歴史や自然に学び、幾何学を駆使してたどり着いた独特の建築様式は今なお新鮮だ。サグラダ・ファミリア聖堂やグエル公園はどのようにして生まれたのか。

398
北里柴三郎
【よみがえる天才7】
海堂尊
日本の医学と医療の基盤を創った巨人の足跡をたどる本格伝記。医学研究とは、社会の衛生とは、感染症とどう戦うか――北里の残した答えは現代にも生きている。

399
森鷗外
【よみがえる天才8】
海堂尊
陸軍軍医、作家、啓蒙家として膨大かつ質の高い仕事をした森鷗外。留学、創作、出征、論争。豊穣でありながら複雑怪奇の天才の全体像を見晴らす本格伝記。

ちくまプリマー新書

226
何のために「学ぶ」のか
――〈中学生からの大学講義〉1
外山滋比古／前田英樹／今福龍太
茂木健一郎／本川達雄／小林康夫
鷲田清一
大事なのは知識じゃない。正解のない問いを、考え続けるための知恵である。変化の激しい時代を生きる若い人たちへ、学びの達人たちが語る、心に響くメッセージ。

227
考える方法
――〈中学生からの大学講義〉2
永井均／池内了／管啓次郎
萱野稔人／上野千鶴子／若林幹夫
古井由吉
世の中には、言葉で表現できないことや答えのない問題がたくさんある。簡単に結論に飛びつかないために、考える達人が物事を解きほぐすことの豊かさを伝える。

228
科学は未来をひらく
――〈中学生からの大学講義〉3
村上陽一郎／中村桂子／佐藤勝彦
高薮縁／西成活裕／長谷川眞理子
藤田紘一郎／福岡伸一
宇宙はいつ始まったのか？　生き物はどうして生きているのか？　科学は長い間、多くの疑問に挑み続けている。第一線で活躍する著者たちが広くて深い世界に誘う。

229
揺らぐ世界
――〈中学生からの大学講義〉4
立花隆／岡真理／橋爪大三郎
森達也／藤原帰一／川田順造
伊豫谷登士翁
紛争、格差、環境問題……。世界はいまも多くの問題を抱えて揺らぐ。これらを理解するための視点は、どうすれば身につくのか。多彩な先生たちが示すヒント。

ちくまプリマー新書

230
生き抜く力を身につける
――〈中学生からの大学講義〉5
大澤真幸／北田暁大／多木浩二
宮沢章夫／阿形清和／鵜飼哲
西谷修

いくらでも選択肢のあるこの社会で、私たちは息苦しさを感じている。既存の枠組みを超えてきた先人達から、見取り図のない時代を生きるサバイバル技術を学ぼう！

305
学ぶということ
――続・中学生からの大学講義1
桐光学園＋
ちくまプリマー新書編集部編

受験突破だけが目標じゃない。学び、考え続ければ重い扉が開くこともある。変化の激しい時代を生きる若い人たちへ、先達が伝える、これからの学びかた・考えかた。

306
歴史の読みかた
――続・中学生からの大学講義2
桐光学園＋
ちくまプリマー新書編集部編

人類の長い歩みには、「これから」を学ぶヒントがいっぱいつまっている。その読み解きかたを先達に学び、君たち自身の手で未来をつくっていこう！

307
創造するということ
――続・中学生からの大学講義3
桐光学園＋
ちくまプリマー新書編集部編

技術やネットワークが進化した今、一人でも様々なことができるようになってきた。新しい価値観を創る力を身につけて、自由な発想で一歩を踏み出そう。

chikuma primer shinsho

ちくまプリマー新書430
ナイチンゲール　よみがえる天才《てんさい》9

二〇二三年七月十日　初版第一刷発行

著者　金井一薫（かない・ひとえ）
装幀　クラフト・エヴィング商會
発行者　喜入冬子
発行所　株式会社筑摩書房
東京都台東区蔵前二‐五‐三　〒一一一‐八七五五
電話番号　〇三‐五六八七‐二六〇一（代表）
印刷・製本　中央精版印刷株式会社

ISBN978-4-480-68455-4 C0247 Printed in Japan